U0817452

真理的味道

——21世纪马克思主义的本真精神

董振华　主编

海南出版社
·海口·

图书在版编目（CIP）数据

真理的味道：21 世纪马克思主义的本真精神 / 董振华主编 . -- 海口：海南出版社，2023.4

ISBN 978-7-5730-1103-9

Ⅰ . ①真… Ⅱ . ①董… Ⅲ . ①习近平新时代中国特色社会主义思想－学习参考资料 Ⅳ . ① D610.4

中国国家版本馆 CIP 数据核字 (2023) 第 058632 号

真理的味道——21世纪马克思主义的本真精神

ZHENLI DE WEIDAO——21SHIJI MAKESI ZHUYI DE BENZHEN JINGSHEN

主　　编：董振华
责任编辑：谭丽琳　熊　果　张清梅
封面设计：黎花莉
出版发行：海南出版社
地　　址：海口市金盘开发区建设三横路 2 号
邮　　编：570216
电　　话：0898-66819831
印刷装订：河北盛世彩捷印刷有限公司
版　　次：2023年4月第1版
印　　次：2023年4月第1次印刷
开　　本：710 mm × 1000 mm 1/16
印　　张：18.75
字　　数：200千字
书　　号：ISBN 978-7-5730-1103-9
定　　价：58.00元

如发现印装质量问题，影响阅读，请联系海南出版社调换。

不断提升胜任本职工作的理论素养

董振华

中共中央党校（国家行政学院）哲学教研部副主任、教授

习近平总书记在2022年春季学期中央党校（国家行政学院）中青年干部培训班开班式上发表重要讲话强调，年轻干部要胜任领导工作，需要掌握的本领是很多的，最根本的本领是理论素养。领导干部只有掌握好马克思主义立场、观点、方法这个做好工作的看家本领，才能够活学活用马克思主义活的灵魂观察新形势、研究新情况、解决新问题，使各项工作朝着正确方向、按照客观规律推进，不断创造辉煌业绩，在新时代新征程上留下无悔的奋斗足迹。

一、坚定的理想信念来自理论上的高度自觉

坚定理想信念，坚守共产党人的精神追求，始终是共产党人安身立命的根本。习近平总书记指出："理论上清醒，政治上才能坚定。坚定的理想信念，必须建立在对马克思主义的深刻理解之上，建立在对历史规律的深刻把握之上。全党要深入学习马克思列宁主义、毛泽东思想、邓小平理论、'三个代表'重要思想、

科学发展观，深入学习党的十八大以来党中央治国理政新理念新思想新战略，不断提高马克思主义思想觉悟和理论水平，保持对远大理想和奋斗目标的清醒认知和执着追求。”理想信念的坚定，来自思想理论的坚定。认识真理、掌握真理、信仰真理、捍卫真理，是坚定理想信念的精神前提。

坚定的理想信念，不能仅仅依靠朴素的情感或者一时的冲动来树立，而必须是建立在对马克思主义真理力量的深刻理解基础之上的价值认同。只有真正掌握了马克思主义的世界观和方法论，深刻领悟到贯穿其中的崇高价值和严谨逻辑，才能够深刻认识和准确把握共产党执政规律、社会主义建设规律、人类社会发展规律，也才能够在胜利和顺境时不骄傲、不急躁，在困难和逆境时不消沉、不动摇，牢牢占据推动人类社会进步、实现人类美好理想的道义制高点，从而坚定信仰。马克思主义的核心价值追求是人类解放，但是人类解放并不是马克思主义的专利。宗教也打着人类解放的口号，但是宗教的人类解放只存在于彼岸的天国中。空想社会主义者同样发出了人类解放的号召，但是他们要么停留于对现实无情的鞭打，要么止步于对未来进行热情的讴歌，要么对现实进行道德谴责和伦理批判，人类解放问题不可能靠这样的方式来解决。正如马克思和恩格斯所说的，这种要求变革的观念曾经被重复表述过千百次，但这对实际发展来说没有任何意义。“批判的武器当然不能代替武器的批判，物质力量只能用物质力量来摧毁。”马克思所追求的人类解放是以革命性实践和唯物辩证法作为基础的，从而赋予了人类解放理论体系的现实性和整体性。

在对现存事物的肯定的理解中，辩证法也包含了对现存事物的否定的理解。也就是说，辩证法认为每一个事物的存在都具有合理性，这种合理性的肯定理解中同时包含着对不合理性的否定理解——内在蕴含着和不断生成自我否定的力量，最终必然在自我逻辑展开的过程中，走向自我否定的必然灭亡的历史命运。也就是说，合理性逐渐减少并最终丧失，失去存在的基础和条件，就必然走向灭亡。辩证法对每个事物的既成形式都是从不断运动变化的过程中去理解的。每个事物的存在都是暂时的，都有一个产生、发展和灭亡的历史过程，世界不过是过程的集合体而已。从这个意义上来讲，辩证法是批判的、革命的，它不崇拜任何东西。除了不断生生灭灭的过程，除了不断地生成和毁灭，除了一个不断产生、发展和灭亡的历史之外，世界什么都没有。这就是辩证法的批判性、革命性和否定性逻辑。

如果把这样的逻辑用于分析资本主义制度，会得出什么结论？任何一种社会制度和社会形态，它的存在都是有其合理性的，这是肯定的理解；但是，它的合理性只是暂时的合理性，也仅仅具有在一定历史条件下的合理性，自身内在始终包含着不合理的因素，这些不合理的因素伴随着历史条件的变化和自身的历史发展，最终必然会使其丧失合理性而走向灭亡。那么资本主义制度如何呢？就像当初资本主义取代封建主义具有历史的合理性一样，封建主义灭亡了，资本主义本身也要面临同样的命运，也必然会被新的制度取代，这是历史的必然性。所以任何想论证资本主义制度是永恒的之想法，都是枉然的。因为在辩证法的逻辑里根本就没有永恒的存在，一切都是暂时的。辩证法的这一实质为什么会让资产阶级及对其夸夸其谈的代言人感到恼怒和恐怖？他们感到恼怒是因为马克思揭示了这样的规律，他们感到恐怖是因为这样的规律他们没法推翻，这是辩证法的铁的逻辑。

从这个意义上来讲，马克思说辩证法是批判的、革命的，它不崇拜任何东西，在它那里没有永恒的存在，一切都是历史过程。《共产党宣言》正是基于辩证法的逻辑，得出了“资产阶级的灭亡和无产阶级的胜利是同样不可避免的”的科学论断。《资本论》的副书名是“政治经济学批判”，它也是基于辩证法的逻辑，深刻分析资本逻辑产生的前提和其必将达到的界限，最终得出了“两个必然”的科学结论。只要真正把握了唯物史观的历史辩证法，我们就能够从历史科学的高度坚定理想信念，坚定共产主义远大理想和中国特色社会主义道路。

只有系统掌握了马克思主义理论，把马克思主义的信仰内化于心，外化于行，党的指导思想才会落到实处。为取得人们的信任，有些错误的观点和理论往往以“马克思主义理论”的面貌出现，或任意曲解，或断章取义，或移花接木，或照搬照套。如果没有学习和掌握马克思主义立场、观点、方法这个看家本领，听到否定马克思主义的杂音、噪声，由于不懂，就可能随声附和。当有人丑化、妖魔化马克思主义时，就会分辨不出好坏；当有人说马克思主义已经过时，就不知道对错；当有人搬来西方某种理论，还说是发展马克思主义的时候，就分不清是篡改还是发展。

这些问题如何解决？这就要求我们不断学习和掌握马克思主义基本理论，提高理论的鉴别能力，从而保持理论上乃至政治上的清醒与坚定。

二、领导干部做好工作最要紧的是把思想方法搞对头

习近平总书记在2022年春季学期中央党校（国家行政学院）中青年干部培训班开班式上强调："马克思主义立场、观点、方法是做好工作的看家本领，是指导我们认识世界、改造世界的强大思想武器。党员干部一定要加强理论学习、厚实理论功底，自觉用新时代党的创新理论观察新形势、研究新情况、解决新问题，使各项工作朝着正确方向、按照客观规律推进。"一个政党要走在时代前列，一刻也离不开理论指导；一个领导干部要做好本职工作，一刻也离不开理论学习。马克思主义是我们认识世界和改造世界的强大思想武器。现在的领导干部都是各行各业的优秀分子，都比较年轻，都有高学历和很强的业务能力；但作为合格的党的领导干部，除了拥有这些必需的条件，还必须有看家本领，系统掌握马克思主义理论，特别是贯穿其中的马克思主义世界观和方法论。

方法问题是根本问题，至关重要，而方法问题和哲学问题是连在一起的。所以习近平总书记讲，辩证唯物主义和历史唯物主义是中国共产党人的世界观和方法论。他说："马克思主义哲学包括辩证唯物主义和历史唯物主义，是马克思主义立场、观点、方法的集中体现，是马克思主义学说的思想基础。马克思说：'任何

真正的哲学都是自己时代的精神上的精华。'马克思主义哲学尽管诞生在一个半世纪之前，但由于它深刻揭示了客观世界特别是人类社会发展一般规律，被历史和实践证明是科学的理论，在当今时代依然有着强大生命力，依然是指导我们共产党人前进的强大思想武器。”领导干部学习马克思主义理论，重要的是要学马克思主义哲学，最要紧的是要把思想方法搞对头。只有掌握科学的世界观和方法论，才能不断增强工作的原则性、系统性、预见性和创造性。

掌握马克思主义世界观和方法论，学会运用马克思主义立场、观点、方法来分析问题和解决问题，是我们做好一切工作的看家本领。毛泽东同志曾经提出：“如果我们党有一百个至二百个系统地而不是零碎地、实际地而不是空洞地学会了马克思列宁主义的同志，就会大大地提高我们党的战斗力量。”①这个任务，今天依然很现实地摆在我们党面前。领导干部只有提高了理论思维能力，才能够从根本上解决问题，也才可以在工作方法上有所提高，才能够应对不断变化的现实，以及出现的新问题，才能够从心所欲而不逾矩，才能够万变不离其宗，才能够活学活用马克思主义活的灵魂具体地分析具体的问题、具体地解决具体的问题。

学哲学、用哲学是我们党的一个好传统。重视理论思维、重视思想方法，是我们党取得成功的一个好的方法。每到一个关键

① 毛泽东：《中国共产党在民族战争中的地位》，《毛泽东选集》第二卷，人民出版社，1991，第533页。

时刻，我们党都会提出从思想上建党的任务，都会在全党进行马克思主义世界观和方法论的教育，每一次这样的思想建党，每一次这样的哲学普及，每一次这样的思想方法的学习，都会很好地推动我们的革命、建设、改革和发展。正如习近平总书记所说的：“我们党自成立起就高度重视在思想上建党，其中十分重要的一条就是坚持用马克思主义哲学教育和武装全党。学哲学、用哲学，是我们党的一个好传统。1937年夏，毛泽东同志在延安应抗日军政大学之邀，亲自讲授马克思主义哲学，并为此撰写了《辩证法唯物论（讲授提纲）》。在撰写这个提纲的过程中，诞生了《实践论》和《矛盾论》等体现马克思主义中国化理论成果的重要哲学著作。”

我们所说的方法，就是和马克思主义世界观和方法论相一致的那个方法论体系，就是我们共产党人正确认识世界和改造世界的科学的思想方法和工作方法——它的哲学基础就是马克思主义哲学。马克思主义哲学凝聚着马克思主义理论的核心和灵魂，彰显着马克思主义的根本立场、观点、方法，是科学的世界观和方法论，深刻揭示了资本主义这个制度的局限性，以及共产主义实现的历史必然性。马克思主义哲学的革命性和科学性都源于它本身所具有的理论品质。学习马克思主义理论，重点是要学习其中所贯穿的基本立场、观点、方法，学习当代中国的马克思主义，也是要牢牢把握世界观和方法论，重点学习好、运用好贯穿其中的基本立场、观点和方法。

三、坚持理论和实践相结合，不断提升理论素养

中国共产党人依靠学习走到今天，也必然要依靠学习走向未来。习近平总书记强调，学习关键是要虚心用心，甘当“小学生”，不懂就问、不耻下问，切忌主观臆断、不懂装懂。领导干部肩负着党和人民赋予的职责，要想克服本领恐慌，就要不断提高自己、丰富自己，掌握工作制胜的看家本领。本领不是天生的，是要通过学习和实践来获得的。领导干部只有坚持理论和实践相结合，注重在实践中学真知、悟真谛，加强磨炼、增长本领，才能够不断提升做好本职工作所必需的理论素养。

领导干部要通过读书学习，特别是阅读经典原著，不断提升理论素养。读书学习是领导干部加强党性修养、坚定理想信念、提升精神境界的一个重要途径。要想掌握马克思主义理论，就要在浩如烟海、博大精深的马克思主义著作中学习最基本的著作，掌握最基本的观点。治心养性，一个直接、有效的方法就是读书。在新时代，领导干部要想不断提高自己、完善自己，经受住各种考验，就要坚持在读书学习中坚定理想信念、提高政治素养、锤炼道德操守、提升思想境界，坚持在读书学习中把握人生方向、领悟人生真谛、体会人生价值、实现人生追求。

领导干部要发扬理论联系实际的马克思主义学风，在知行合一中不断提升理论素养。习近平总书记指出：“要发扬理论联系实际的马克思主义学风，带着问题学，拜人民为师，做到干中学、学中干，学以致用、用以促学、学用相长，千万不能夸夸其谈、

陷于‘客里空’。”与时俱进是马克思主义的内在理论品格，坚持马克思主义的立场、观点、方法，就要增强问题意识和坚持问题导向，不断在解决实际问题的过程中推动社会的发展进步。理论一旦脱离了实践，就会成为僵化的教条，失去活力和生命力。实践如果没有正确理论的指导，也容易“盲人骑瞎马，夜半临深池”。坚持理论联系实际正是坚持在实践基础上实现知行合一。科学的理论只能来源于实践，来源于实践的科学理论又可以反过来推动实践的发展。我们要活学活用马克思主义活的灵魂，就要深刻领会马克思主义的这种内在理论品格，把马克思主义基本原理同中国具体实际相结合，勇于直面问题，不断解决问题、破解难题。如果没有强烈的问题意识，就不能有效破解改革和发展过程中的各种难题，中国特色社会主义事业就难以推进。

我们现在所处的环境比以往任何时候都复杂，新情况、新问题、新挑战层出不穷，这对干部素质提出了越来越高的要求。在这种情况下，只有不断加强学习，才能提高自身素质和能力。业务学习对实际工作来讲是必需的，但马克思主义理论的学习是对世界观和方法论的学习和培养，是克服“本领恐慌”必须掌握的看家本领。只有真正学习和掌握了马克思主义的世界观和方法论，才能够有效应对不断出现的新问题、新矛盾，增强认识世界、改造世界的能力。领导干部要真学真懂真用马克思主义理论，做到学用结合，以用促学，只有不断练就肩负历史使命的过硬本领，才能够在新时代新征程上留下无悔的奋斗足迹。

目 录 | CONTENTS

1. 为什么说习近平新时代中国特色社会主义思想是 21 世纪的马克思主义？……001

2. 习近平新时代中国特色社会主义思想对马克思主义的原创性贡献是什么？……008

3. 习近平新时代中国特色社会主义思想具有什么样的世界意义和历史意义？……016

4. 习近平新时代中国特色社会主义思想与毛泽东思想、邓小平理论、“三个代表”重要思想、科学发展观是什么关系？……023

5. 习近平新时代中国特色社会主义思想蕴含什么样的中国智慧？……030

6. 习近平新时代中国特色社会主义思想的精髓是什么？……039

7. 为什么说中国特色社会主义是社会主义而不是其他什么主义？……047

8. 如何理解习近平经济思想的核心要义？……054
9. 如何理解习近平法治思想的核心要义？……063
10. 如何理解习近平生态文明思想的核心要义？……070
11. 如何理解习近平强军思想的核心要义？……077
12. 如何理解习近平外交思想的核心要义？……085
13. 如何理解战略思维、历史思维、辩证思维、系统思维、创新思维、法治思维、底线思维之间的关系？……092
14. “四个全面”战略布局和“五位一体”总体布局是什么关系？……100
15. 全面建成社会主义现代化强国就是实现中华民族伟大复兴了吗？……107
16. 为什么必须以中国式现代化全面推进中华民族伟大复兴？……114
17. 中国特色社会主义“特”在哪里？……122
18. 百年未有之大变局“变”在何处？……129
19. 新发展阶段“新”在什么地方？……135
20. 新发展格局“新”在哪里？……142
21. 我国发展仍然处于重要战略机遇期这一重大判断的依据是什么？……149
22. 今天所讲的重要战略机遇期和之前相比有什么新的特点？……155

23. 当今世界存在修昔底德陷阱吗？ …………………………161
24. 为什么说没有社会主义文化繁荣发展就没有社会主义现代化？
…………………………………………………………………167
25. 为什么说掌握网络意识形态主导权就是守护国家的主权和政权？ ……………………………………………………174
26. 如何理解党性和人民性从来都是一致的、统一的？ …………180
27. 为什么说“党大还是法大”是一个伪命题？ ………………186
28. 如何理解中国共产党的领导是中国特色社会主义最本质的特征？ ……………………………………………………193
29. 中国特色社会主义最本质的特征和邓小平的社会主义本质论是什么关系？ ………………………………………………201
30. 贯彻新发展理念与坚持以经济建设为中心是什么关系？ ……207
31. 如何理解坚持党对国有企业的领导和深化国有企业改革之间的关系？ ……………………………………………………215
32. 人类命运共同体和共产主义是什么关系？ …………………223
33. 中国共产党的初心使命是否包含“为世界谋大同”？ ………230
34. 如何理解全面从严治党首先要从政治上看，不断提高政治判断力、政治领悟力、政治执行力？ ………………………237
35. 习近平总书记为什么特别强调问题意识和问题导向？ ………245

36. 在和平建设时期，为什么我们仍然要强调革命精神？ ………250
37. 我们为什么持续整治形式主义和官僚主义？ …………………255
38. 如何有效解决领导干部不担当不作为的问题？ ………………262
39. 为什么说坚决做到“两个维护”是民主集中制原则的内在要求？ ……………………………………………………………269
40. 如何让习近平新时代中国特色社会主义思想入脑入心？ ……276
后记………………………………………………………………283

1. 为什么说习近平新时代中国特色社会主义思想是21世纪的马克思主义？

【学“习”问道】

2017年12月25日召开的中共中央政治局民主生活会明确提出：习近平新时代中国特色社会主义思想，是我们党理论创新的最新成果，是当代中国的马克思主义、21世纪的马克思主义。这是我们党第一次以“世纪”为尺度命名马克思主义中国化最新成果。那么，为什么说习近平新时代中国特色社会主义思想是21世纪的马克思主义呢？

习近平新时代中国特色社会主义思想是马克思主义中国化的最新理论成果，开辟了马克思主义创新发展的新境界，是当代中国的马克思主义、21世纪的马克思主义。习近平新时代中国特色社会主义思想是对马克思列宁主义、毛泽东思想、邓小平理论、“三个代表”重要思想、科学发展观的继承和发展，集中体现了马克思主义的立场、观点和方法。习近平新时代中国特色社会主义思想是对时代课题的积极回应，是马克思主义在新时代中国的崭新形态。习近平新时代中国特色社会主义思想是21世纪中国马克思主义的主体形态，更是21世纪世界马克思主义的创新发展，具有重大世界历史意义。

习近平新时代中国特色社会主义思想是对马克思主义理论谱系的创造性继承和创新性发展。实践创新永无止境，理论创新永无止境。习近平新时代中国特色社会主义思想立足新的时代条件和实践要求，科学预见了新时代中国特色社会主义的发展脉络和基本走向，是新时代的行动纲领。习近平新时代中国特色社会主义思想是对改革新实践的高度凝练和深刻总结，是在进一步回答“什么是社会主义、怎样建设社会主义，建设什么样的党、怎样建设党，实现什么样的发展、怎样发展”等基本问题的基础之上，积极回应“新时代坚持和发展什么样的中国特色社会主义、怎么坚持和发展中国特色社会主义，建设什么样的社会主义现代化强国、怎样建设社会主义现代化强国，建设什么样的长期执政的马克思主义政党、怎样建设长期执政的马克思主义政党”等重大时代课题所形成的又一重大理论创新成果，实现了马克思主义中国化新的飞跃，开辟了马克思主义新境界，开辟了中国特色社会主义新境界，开辟了治国理政新境界，为建设新时代中国特色社会主义提供了科学的思想指引和行动指南。

习近平新时代中国特色社会主义思想集中体现了马克思主义的基本立场、观点、方法。人民立场是马克思主义政党的根本政治立场，也是贯穿习近平新时代中国特色社会主义思想的根本立场。习近平新时代中国特色社会主义思想坚持把以人民为中心作为贯穿始终的核心价值理念，坚持把人民对美好生活的向往作为根本奋斗目标，不忘初心，践行宗旨。中国共产党人的初心就是为中国人民谋幸福，使命就是为中华民族谋复兴。中国共产党人的初心和使命是紧密结合在一起的，实现中华民族伟大复兴的神圣使命在本质上就体现着中华民族和中国人民的整体利益，将人民群众的根本利益与实现中华民族伟大复兴的神圣使命紧密结合，既是党全心全意为人民服务的根本宗旨的与时俱进，更是习近平新时代中国特色社会主义思想坚持以人民为中心的价值彰显。习近平新时代中国特色社会主义思想突出强调了要把人民对美好生活的向往作为奋斗目标，明确了新时代我国社会主要矛盾已经转变为人民日益增长的美好生活需要和不平衡不充分的发展之间的矛盾，提出必须要坚持以人民为中心的发展思想，不断促进人的全面发展，促进全体人民共同富裕。

辩证唯物主义和历史唯物主义是习近平新时代中国特色社会主义思想形成确立的坚实理论基础。习近平新时代中国特色社会主义思想运用辩证的唯物论，坚持一切从实际出发，聆听时代声音，把握时代脉搏，厘定了中国特色社会主义步入新时代的根本标志和根本目标，科学总结了改革开放和社会主义现代化建设的实践经验，对坚持和发展新时代中国特色社会主义进行了战略擘画；运用唯物辩证法，坚持用全面发展的眼光看问题，强调树立战略思维、历史思维、辩证思维、系统思维、创新思维、法治思维、底线思维，既部署“过河”问题，提出了以“五位一体”总体布局、“四个全面”战略布局为核心的顶层设计，又指导解决“桥或船”的问题，提出了以基本方略为核心的“路线图”和“方法论”；运用辩证唯物主义认识论，坚持理论和实践相统一，强调真理原则与价值原则相结合，从理论和实践结合上系统回应了时代重大课题，提供了引领新时代中国特色社会主义发展的思想指引和行动纲领；运用唯物史观，坚持运用社会基本矛盾分析方法探索新时代中国特色社会主义的建设规律；坚持群众史观，提出将以人民为中心的发展理念贯穿党和国家各项工作之中，不断促进人的自由全面发展。

时代是思想之母，实践是理论之源。这是一个需要理论而且一定能够产生伟大理论的时代，这是一个需要思想而且一定能够产生伟大思想的时代。正如恩格斯所指出的："每一个时代的理论思维，包括我们这个时代的理论思维，都是一种历史的产物，它在不同的时代具有完全不同的形式，同时具有完全不同的内容。"同样，马克思主义中国化发展的理论逻辑告诉我们，积极回应时代课题的挑战是中国共产党实现一系列重大理论创新的基本动力。党的十八大以来，以习近平同志为核心的党中央，立足历史新方位，改革新实践，紧紧围绕"新时代坚持和发展什么样的中国特色社会主义、怎样坚持和发展中国特色社会主义，建设什么样的社会主义现代化强国、怎样建设社会主义现代化强国，建设什么样的长期执政的马克思主义政党、怎样建设长期执政的马克思主义政党"等重大时代课题，举旗定向，谋篇布局，明确宣示了"举什么旗、走什么路、以什么样的精神状态、担负什么样的历史使命、实现什么样的奋斗目标"，全面系统地回答了新时代中国特色社会主义发展的总目标、总任务、总体布局、战略布局和发展方向、发展方式、发展动力、战略步骤、外部条件、政治保证等一系列关键问题，从全局高度为实现中华民族伟大复兴这一历史使命提供了顶层设计和价值导向，从战略高度为实现中华民族伟大复兴提供了战略步骤和实现路径。

习近平新时代中国特色社会主义思想既是引领当代中国的马克思主义，更是引领当今世界的马克思主义，为破解全球发展困局提供了中国智慧和中国方案。当今世界正处于大变革大调整时期，挑战层出不穷、风险日益增多，和平赤字、发展赤字、公平赤字、治理赤字等一系列全球性问题成为人类社会面临的严峻挑战。构建人类命运共同体的提出正是对21世纪“实现一个什么样的全球发展、怎样推进全球发展”这样一个“时代之问”“人类之问”的积极回应。自党的十八大报告首次明确提出“倡导人类命运共同体意识”以来，习近平总书记在多个重要场合从理论层面反复强调并阐发了推进和构建人类命运共同体的思想内涵，更是通过以“一带一路”发展战略为核心的国际合作等具体路径从实践层面来推进构建人类命运共同体。作为习近平新时代中国特色社会主义思想的重要组成部分，构建人类命运共同体的提出为全球发展指明了方向，提供了“中国方案”，向世界展示了新时代中国的大国智慧和大国担当。正如2018年4月英国剑桥大学的马丁·雅克在英国伦敦“新时代中国”国际研讨会上所说：“中国自身的巨变以及它对未来的感知十分重要，如果从更深刻的意义上看，中国就是未来！”

人类命运共同体理念为世界未来发展指明了方向，即构建以多元一体为格局，以人类共同价值为基础的人类利益共同体，其价值目标便是实现持久和平、清洁美丽、普遍安全、共同繁荣、开放包容的和谐新世界。构建人类命运共同体理念的提出和推进是顺应世界发展潮流、符合人类社会历史发展规律的必然选择，反映了人类社会共同的价值追求，汇聚了世界各国人民对和平、发展、繁荣向往的“最大公约数”，对中国和平发展和世界繁荣进步都具有重大而深远的意义。

世界是过程的集合体，中国也每时每刻都在发展变化。因此，我们必须在理论上跟上时代，在实践创新和理论创新的良性互动中不断推进马克思主义中国化，用发展着的马克思主义指导新的实践。正如习近平总书记在党的二十大报告中所指出的：“我们必须坚持解放思想、实事求是、与时俱进、求真务实，一切从实际出发，着眼解决新时代改革开放和社会主义现代化建设的实际问题，不断回答中国之问、世界之问、人民之问、时代之问，作出符合中国实际和时代要求的正确回答，得出符合客观规律的科学认识，形成与时俱进的理论成果，更好指导中国实践。”

【习言习语】

我们要以更加宽阔的眼界审视马克思主义在当代发展的现实基础和实践需要，坚持问题导向，坚持以我们正在做的事情为中心，聆听时代声音，更加深入地推动马克思主义同当代中国发展的具体实际相结合，不断开辟21世纪马克思主义发展新境界，让当代中国马克思主义放射出更加灿烂的真理光芒。

——2016年7月1日，习近平总书记在庆祝中国共产党成立95周年大会上的讲话

【深度思考】

为什么说习近平新时代中国特色社会主义思想是21世纪的马克思主义？

【延伸阅读】

习近平：《在纪念马克思诞辰200周年大会上的讲话》（2018年5月4日），《求是》2018年第10期。

2. 习近平新时代中国特色社会主义思想对马克思主义的原创性贡献是什么？

【学“习”问道】

习近平新时代中国特色社会主义思想坚持马克思主义立场、观点、方法，开辟了当代中国马克思主义发展新境界，为发展马克思主义作出了诸多原创性贡献。那么，习近平新时代中国特色社会主义思想对马克思主义作出了哪些原创性贡献？

习近平新时代中国特色社会主义思想是马克思主义中国化的最新成果，开辟了当代中国马克思主义发展新境界，为马克思主义创新发展作出了重要贡献。在马克思主义哲学方面，其丰富和发展了实践观、辩证法、自然观、社会矛盾理论、群众史观等；在政治经济学方面，其丰富和发展了社会发展理论、市场经济理论等；在科学社会主义方面，其丰富和发展了社会主义本质论、社会主义阶段论、社会主义任务论、党的建设理论、马克思主义共同体理论和世界历史理论等。

一、习近平新时代中国特色社会主义思想对马克思主义哲学的原创性贡献

提出社会主要矛盾转化论，丰富和发展了社会矛盾理论。习近平总书记在党的十九大报告中指出，中国特色社会主义进入了新时代，我国社会主要矛盾已经转化为人民日益增长的美好生活需要和不平衡不充分的发展之间的矛盾。这是对现阶段我国社会主要矛盾作出的重大新判断。社会主要矛盾的变化是关系全局的历史性变化，是我们党制定新时代路线、方针、政策、长远战略的基本遵循和重要依据。

坚持实践第一，知行合一，丰富和发展了实践观。坚持实践第一，注重求真务实、真抓实干、严谨求实的实践思维，是马克思主义理论的根本特征，是习近平新时代中国特色社会主义思想展现出的宝贵思维品格。习近平总书记强调空谈误国、实干兴邦，强调发扬钉钉子精神，强调踏石留印、抓铁有痕等，无不彰显着中国共产党人求真务实、真抓实干的实干精神。知行合一是习近平新时代中国特色社会主义思想的精髓。习近平总书记强调，要学习掌握认识和实践辩证关系的原理，要根据时代变化和实践发展，不断深化认识，不断总结经验，不断实现理论创新和实践创新良性互动，在这种统一和互动中发展21世纪中国的马克思主义。习近平新时代中国特色社会主义思想正是在理论创新和实践创新的良性互动中形成的，党的十八大以来的伟大成就正是在理论创新和实践创新的良性互动中取得的。

提出科学的思想方法，丰富和发展了马克思主义方法论。治国理政必须要解决好“桥”和“船”的问题，必须要有科学思想方法的指导。习近平总书记倡导的科学思想方法，便是对马克思主义方法论的创造性发展，为我们在新时代坚持和发展新时代中国特色社会主义提供了有效的方法和“钥匙”。战略思维方法强调要谋全局、顾长远、抓根本，正确处理好全局和局部、长远与当前的关系；历史思维方法强调要树立历史眼光，站在历史规律性的高度去吸取和借鉴世界文明，尤其是中华文明中宝贵的历史经验和教训，不断深化对人类社会发展规律、社会主义建设规律和共产党执政规律的认识；辩证思维方法强调要突出问题意识，坚持两点论与重点论的统一，全面、联系、发展地分析问题和解决问题；系统思维强调通过系统分析事物内在机理、运用系统方法处理事物发展矛盾，加强顶层设计，进行前瞻性思考、全局性谋划、战略性布局、整体性推进，发挥系统作为整体的功能优势。创新思维方法强调要坚持解放思想，勇于开拓进取、打破常规，不断推动各领域创新发展；法治思维强调增强法治素养，善于运用法治思维和法治方式深化改革、推动发展、化解矛盾、维护稳定、应对风险；底线思维方法强调要树立忧患意识和风险意识，从最坏处着眼，做最充分的准备，朝好的方向努力，争取最好的结果。

提出“两山论”，丰富和发展了马克思主义生态文明观。生态文明建设是关系中华民族永续发展的根本大计，关系人民福祉，关乎民族未来。习近平总书记多次强调生态文明建设的重要性，并创造性地提出了“绿水青山就是金山银山”的发展理念。“两山论”作为习近平生态文明思想的核心要义，坚持了人与自然和谐共生的科学自然观，强调了生态环境保护的优先性，准确把握了经济发展同生态环境保护之间的辩证关系，即保护生态环境就是保护生产力，改善生态环境就是发展生产力。

提出人民中心论，丰富和发展了群众史观。人民群众是历史的创造者，是真正的英雄，人民立场是马克思主义的根本政治立场。党的十八大以来，以习近平同志为核心的党中央始终坚持人民是历史创造者的根本观点，提出了以人民为中心的发展思想，尊重人民主体地位，发挥人民首创精神，坚持人民利益至上，把增进人民福祉、促进人的全面发展作为发展的出发点和落脚点，不断汇聚起实现中华民族伟大复兴的磅礴力量。

二、习近平新时代中国特色社会主义思想对马克思主义政治经济学的原创性贡献

提出新发展理念，丰富和发展了社会发展理论。创新发展注重解决发展动力问题，强调应始终把创新摆在国家经济发展全局的核心位置；协调发展注重解决发展不平衡问题，强调必须正确处理发展中的重大关系，不断增强发展的整体性；绿色发展注重解决人与自然和谐发展问题，强调必须实现经济社会发展和生态环境保护协同共进，为人民群众创造良好生产生活环境；开放发展注重解决发展内外联动问题，强调必须发展更高层次的开放型经济，全面推进对外开放新格局；共享发展注重解决社会公平正

义问题，强调着力推进全民共享、全面共享、共建共享、渐进共享，使发展成果惠及全体人民。新发展理念五个方面相互贯通、相互促进，是具有内在联系的集合体，深化了我们党对中国特色社会主义经济发展规律的认识，有力指导了我国新的发展实践。

提出新发展格局，丰富和发展了社会再生产理论。习近平总书记在党的十九届五中全会上的重要讲话中提出，加快构建以国内大循环为主体、国内国际双循环相互促进的新发展格局。构建新发展格局，是以习近平同志为核心的党中央根据我国发展阶段、环境、条件变化作出的战略决策，是事关全局的系统性深层次变革，是马克思主义社会再生产理论在新时代中国的创新发展。

提出“两手”合力论，丰富和发展了社会主义市场经济理论。坚持社会主义市场经济改革方向，核心问题是处理好政府和市场的关系。习近平总书记指出，要处理好政府与市场的关系，“看不见的手”和“看得见的手”都要用好，使市场在资源配置中起决定性作用和更好地发挥政府作用，努力形成市场作用和政府作用有机统一、相互补充、相互协调、相互促进的格局，推动经济社会持续健康发展。“两手”合力论体现了两点论和重点论的辩证统一，是新时代以习近平同志为核心的党中央对社会主义市场经济理论在认识上的新突破，标志着社会主义市场经济发展进入了一个新阶段。

提出建设现代化经济体系，丰富和发展了社会主义现代化理论，创立了中国式现代化理论体系。目前，我国经济发展已由高速增长阶段转向高质量发展阶段，处于转变发展方式、优化经济结构、转换增长动力的关键时期。建设现代化经济体系是以习近平同志为核心的党中央从党和国家事业全局出发，基于中国特色社会主义经济发展规律，着眼于实现“两个一百年”奋斗目标、顺应中国特色社会主义进入新时代的新要求作出的重大决策部署，为实现建设社会主义现代化强国、实现中华民族伟大复兴提供了重要保障。

三、习近平新时代中国特色社会主义思想对科学社会主义的原创性贡献

提出中国共产党的领导是中国特色社会主义的最本质特征，丰富和发展了社会主义本质论。中国共产党的领导是中国特色社会主义的最本质特征，是中国特色社会主义制度的最大优势。习近平总书记指出，党政军民学，东西南北中，党是领导一切的。这也是全国各族人民在长期的奋斗实践中深刻认识到的真理。

提出新发展阶段论，丰富和发展了社会主义阶段论。在党的十九届五中全会上，习近平总书记作出了“十四五”时期我国将进入新发展阶段的重大判断，科学标定了我国发展新的历史方位。习近平总书记指出，“十四五”时期是我国全面建成小康社会、实现第一个百年奋斗目标之后，乘势而上开启全面建设社会主义现代化国家新征程、向第二个百年奋斗目标进军的第一个五年，我国将进入新发展阶段。新发展阶段准确把握了新时代中国特色社会主义所处的历史方位和发展阶段，为我们明确阶段性中心任

务、制定路线方针政策提供了根本依据。

提出伟大复兴论，丰富和发展了社会主义根本任务论。建设中国特色社会主义，总任务是实现社会主义现代化和中华民族伟大复兴。习近平总书记指出，实现中华民族伟大复兴的中国梦，是中国共产党人所肩负的伟大历史使命，是中华民族近代以来最伟大的梦想。中华民族伟大复兴的中国梦集中体现了中华民族和中国人民的整体利益和根本利益。伟大复兴论的提出，为新时代坚持和发展中国特色社会主义确定了新的奋斗目标。

提出一系列关于党的建设的新论断，丰富和发展了马克思主义党建理论。中国特色社会主义进入新时代，以习近平同志为核心的党中央将马克思主义政党的建设理论与新时代中国共产党的建设实际相结合，紧紧围绕“建设一个什么样的党、怎样建设党”这一根本问题，对新时代党建工作作出了一系列重要论述，创造性发展了马克思主义政党的建设理论，以全新的视野深化对共产党执政规律的认识。提出的初心使命论和理想信念论，明确了中国共产党人的根本奋斗目标和动力来源；在“两个务必”的基础上提出了“三个务必”，进一步丰富了共产党人的精神世界；提出的“两个革命”论、伟大工程论，解答了中国共产党和社会主义事业之间的逻辑关系，揭示了中国共产党始终保持先进性的根本缘由和中国特色社会主义事业取得成功的根本政治保证；提出的全面从严治党论等，强调办好中国的事情，关键在党，关键在坚持党要管党、全面从严治党，系统回答了新时代怎样建设党这一根本问题。

提出人类命运共同体理念，丰富和发展了马克思主义共同体理论和世界历史理论。当今世界面临百年未有之大变局，全球发展的风险性、不确定性越发凸显。以习近平同志为核心的党中央，基于全球发展的新的时代特征和现实困境，提出了人类命运共同体理论，丰富和发展了马克思主义共同体理论和世界历史思想。作为习近平新时代中国特色社会主义思想的重要组成部分，构建人类命运共同体理念的提出深化了对人类社会发展规律的认识，为全球发展指明了方向，为破解全球发展困局提供了“中国方案”，向世界展示了新时代中国的大国智慧和大国担当。

【习言习语】

新中国成立以来特别是改革开放以来，中国发生了深刻变革，置身这一历史巨变之中的中国人更有资格、更有能力揭示这其中所蕴含的历史经验和发展规律，为发展马克思主义作出中国的原创性贡献。

——2017 年 9 月 29 日，习近平总书记在中共十八届中央政治局第四十三次集体学习时的讲话

【深度思考】

习近平新时代中国特色社会主义思想对马克思主义的原创性贡献是什么？

【延伸阅读】

习近平：《继续推进马克思主义中国化时代化大众化》，载《习近平谈治国理政》第二卷，外文出版社，2017，第 65—68 页。

3. 习近平新时代中国特色社会主义思想具有什么样的世界意义和历史意义？

【学“习”问道】

习近平新时代中国特色社会主义思想是中国共产党人在新时代理论创新的重大成果。这一思想着眼历史，顺应时代，展望全球，是对中国乃至世界历史发展经验的总结、传承与创新。这一产生于当代中国的思想理论有没有世界意义呢？它在哪些方面进一步丰富了共产党执政规律、社会主义建设规律、人类社会发展规律呢？它在何种意义上为世界治理新格局传递了中国理念，提供了中国方案呢？

习近平新时代中国特色社会主义思想是新时代对马克思世界历史理论的创新。“时代是思想之母，实践是理论之源”，任何伟大的理论都来自对时代的精准把握，都必须能够科学回答时代提出的总问题并提供实践指导。习近平新时代中国特色社会主义思想正是源于对历史和时代的精准把握。十八大之前，马克思主义与中国国情相结合，先后形成了毛泽东思想、邓小平理论、“三个代表”重要思想和科学发展观。十八大之后，国内外形势变化和我国各项事业发展给我们提出了新的重大时代课题，围绕这个重大时代课题，我们党坚持解放思想、实事求是、与时俱进、求真务实，坚持辩证唯物主义和历史唯物主义，在领导全国人民进行伟大斗争、建设伟大工程、推进伟大事业、实现伟大梦想过程中，以全新的视野深化对中国共产党执政规律、社会主义建设规律、人类社会发展规律的认识，取得重大理论创新成果，形成了习近平新时代中国特色社会主义思想。习近平新时代中国特色社会主义思想饱含着对党和国家、对人民发展重大问题的睿智思考和独特见解，在这一思想指引下，我们比以往任何时候都有信心取得更大的胜利。

习近平新时代中国特色社会主义思想进一步揭示了共产党的执政规律。鸦片战争后，中国沦为半殖民地半封建社会，民不聊生，各个阶级阶层为挽救中华民族于危亡之中，不懈努力，付出了惨重代价，但最终都以失败而告终。直到马克思主义在中国传播，中国共产党成立，带领中国人民开启了反帝反封建的新民主主义道路，黑暗中的中国才看到曙光。中国共产党带领中国人民经过土地革命、抗日战争、解放战争，建立了新中国，进而进行社会主义改造确立了社会主义制度，进行社会主义建设，中国人民从站起来到富起来，中国得到了前所未有的发展。改革开放以来，中国特色社会主义现代化建设使中国步入了新的历史发展阶段，中国开始迎来强起来的伟大时代，在某些方面开始引领世界潮流。新民主主义革命和社会主义革命的胜利离不开中国共产党的领导，改革开放特别是新时代中国特色社会主义伟大事业同样必须坚持中国共产党的领导。中国共产党是中国工人阶级的先锋队，是中国人民和中华民族的先锋队。在党的历史上，党一直以实现中国人民和中华民族的根本利益为自己一切工作的出发点和最终归宿。在新世纪，实现中华民族伟大复兴的庄严使命，是历史和时代赋予中国共产党的。中国共产党肩负着义不容辞的领导责任，必须始终成为推动中国特色社会主义事业前进的先锋队。中国共产党发展的历史，就是为中华民族的独立、解放、繁荣，为中国人民的自由、民主、幸福而不懈奋斗的历史。党在长期发展过程中，党员队伍的数量、结构、文化程度和科学文化素质的重大变化，也为如何保证党员的质量和保持党的先进性提出了新的课题，这是在新的历史条件下建设一个什么样的党的重大挑战。党面临的执政环境是复杂的，影响党的先进性、弱化党的纯洁性的因素也是复杂的，“中国共产党能否经得住前所未有的风险考验，始终保持自身的先进性、纯洁性、高尚性，始终走在时代前列、始终成为全国人民的主心骨、始终成为坚强领导核心”，这是关系着中国命运的重大问题。习近平新时代中国特色社会主义思想秉承“打铁还需自身硬”的政治自觉，科学总结党执政的历史经验，围绕全面从严治党战略部署，从推进理想信念教育到群众路线教育再到“三严三实”“两学一做”专项常态化教育，及至全面强化党内监督，发挥巡视利剑作用，党以“壮士断腕”的决心纯洁自身，用实际行动回答了这一时代之问。习近平总书记说：“只有回看走过的路，比较别人的路，远眺前行的路，弄清楚我们从哪儿来，往哪儿去，很多问题才能看得深、把得准。”这是党对自身不忘初心、牢记使命最强有力的回应。党的十八大以来，中国共产党领导中国人民取得了改革开放和社会主义现代化建设的历史性成就；特别是将习近平新时代中国特色社会主义思想作为党的指导思想，在这一思想指导下充分分析我国社会主要矛盾，提出“两个一百年”奋斗目标，全面部署中国特色社会主义伟大事业和党的建设新的伟大工程，这些举措无疑进一步揭示了中国共产党的执政规律。

习近平新时代中国特色社会主义思想总结社会主义规律，为世界人民发展道路传递了中国理念。社会主义经历了从空想到科学、从理论到实践、从一国到多国的发展过程，其间经受住了各种考验。特别是刚经历了世界社会主义运动蓬勃发展后，随着东欧剧变，苏联解体，社会主义运动遭遇挫折陷入低潮。“民主化”浪潮席卷全球，有人宣称“历史已经终结”于资本主义制度，“20世纪将以社会主义的失败和资本主义的胜利而告终”。在这种历史大背景下，中国社会主义岿然不动，迈着坚定的步伐，坚持走中国特色社会主义道路，越走越宽，越走越亮。在资本主义国家遭受金融危机导致经济萎靡不振的情况下，中国经济仍然保持持续增长，并且较快实现了复苏。社会主义与资本主义的较量远没有结束，西方资本主义国家对社会主义中国的攻击和渗透一刻都没有停止过，中国遭受“和平演变”的风险不断加大，中国应该如何应对这种局面仍然是我们党和国家必须回答的问题。习近平新时代中国特色社会主义思想开辟了科学社会主义新境界，形成了“四位一体”有机统一的科学体系，实现了经济、政治、文化、社会、生态文明五大建设的统筹推进，指导中国特色社会主义事业取得了历史性成就，社会主义制度不仅在中国站稳了脚，社会主义事业的辉煌，使世界上更多的国家和人民开始重新审视马克思主义，开始重新研究科学社会主义。

习近平新时代中国特色社会主义思想是在百年不遇的历史大变革中形成和发展起来的。独具特色的中国理念、中国方案与中国传统文化中的“和合”观念相契合。“和合”是一种兼容并蓄的状态，允许不同意见、不同个性的存在，谋求一种和谐共生的状态。这一思想强有力地回击了“中国威胁论”“扩张梦”“霸权梦”等歪曲中国的言论。习近平总书记指出，“中国这头狮子已经醒了，但这是一只和平的、可亲的、文明的狮子”。中国理念、中国方案为世界上陷入困境中的国家带来新的曙光，越来越多的西方国家开始关注和研究中国制度模式。

习近平新时代中国特色社会主义思想顺应人类发展大势，在世界格局大调整中提供了中国方案。当前世界正处于大发展、大变革和大调整时期，全球治理体系和国际秩序变革加速推进，国与国间联系更加紧密，但随之而来的问题也更加突出。不可否认，和平与发展是当前的时代主题，但世界仍然很不安宁，动荡、冲突、失衡的一面也十分突出，保护主义、单边主义抬头，逆全球化思潮发酵，发展空间不平衡等因素都不利于世界和平发展。面对世界经济、国际安全、国家治理等一系列问题，世界需要新的方向、新的方案和新的选择。以习近平同志为核心的党中央拨开世界迷雾奏响时代最强音，前所未有地走向了世界舞台中央，主张坚持对话协商、共建共享、合作共赢、交流互鉴，以建设持久和平、普遍安全、共同繁荣、开放包容的世界，这种主张受到国际社会广泛关注和认同。人类命运共同体理念是对世界大势和人类社会发展趋势的准确把握和科学判断，为促进世界和平与共同发展指明了前进方向，为全球治理体系变革提供了思想引领和行动方案，是中西文化理念和价值追求的最大公约数。人类命运共同体理念的提出与践行是习近平新时代中国特色社会主义思想对世界的突出贡献。习近平总书记曾经说过："这个世界，各国相互联系、相互依存的程度空前加深，人类生活在同一个地球村里，生活在历史和现实交汇的同一个时空里，越来越成为你中有我、我中有你的命运共同体。"人类命运共同体理念是适应时代、传承世界传统文化得出的正确结论。中华传统优秀文化中渗透着"世界大同、和合共生、天人合一"的思想，中国传统文化的价值观包含了以群己和谐、天人合一为真善美统一的理想境界，在人与人的关系上，传统文化提倡宽和处世，协调人际关系，创造"人和"的人际环境，追求以形成和谐的人际关系为主题的"大同"社会。构建人类命运共同体，反映了中国共产党对世界发展和人类前途命运的深邃思考和战略抱负，彰显了中国共产党"计利当计天下利"的博大胸襟和使命担当。

【习言习语】

今天的人类比以往任何时候都更有条件共同朝着和平与发展的目标迈进。中国主张各国人民同心协力，变压力为动力，化危机为生机，以合作取代对抗，以共赢取代独占。什么样的国际秩序和全球治理体系对世界好、对世界各国人民好，要由各国人民商量，不能由一家说了算，不能由少数人说了算。中国将积极参与全球治理体系建设，努力为完善全球治理贡献中国智慧，同世界各国人民一道，推动国际秩序和全球治理体系朝着更加公正合理方向发展。

——2016 年 7 月 1 日，习近平总书记在庆祝中国共产党成立 95 周年大会上的讲话

【深度思考】

习近平新时代中国特色社会主义思想具有什么样的世界意义和历史意义？

【延伸阅读】

习近平:《坚持历史唯物主义不断开辟当代中国马克思主义发展新境界》(2013 年 12 月 3 日),《求是》2020 年第 2 期。

4. 习近平新时代中国特色社会主义思想与毛泽东思想、邓小平理论、“三个代表”重要思想、科学发展观是什么关系?

【学“习”问道】

党的十八大以来，以习近平总书记为主要代表的中国共产党人，顺应时代发展，创立了习近平新时代中国特色社会主义思想。人们常说，“时代是思想之母”。习近平新时代中国特色社会主义思想也是回应时代呼唤的产物。那么，这一产生于十八大之后的马克思主义中国化最新成果与诞生于新民主主义革命、社会主义建设以及改革开放时期的毛泽东思想、邓小平理论、“三个代表”重要思想以及科学发展观之间到底是什么关系?

习近平新时代中国特色社会主义思想与毛泽东思想、邓小平理论、“三个代表”重要思想以及科学发展观有一个共同的理论源头——马克思主义。1848 年《共产党宣言》的发表标志着马克思主义的诞生。马克思主义的诞生是人类思想史上具有划时代意义的重大事件。习近平总书记曾经指出:“在人类思想史上，就科学性、真理性、影响力、传播面而言，没有一种思想理论能达到马克思主义的高度，也没有一种学说能像马克思主义那样对世界产生了如此巨大的影响。”马克思主义的产生不仅改变了世界，也改变了中国。半殖民地半封建社会中建立起来的中国共产党，面对内忧外患、积贫积弱的中国，一经成立就把马克思主义刻在了自己的旗帜上。马克思主义是我们立党立国的根本指导思想，是全国各族人民团结奋斗的共同理论基础。在100多年的历史长河中，不管实际情况发生了什么样的变化，我们党一直强调这个指导思想和理论基础不能有一丝一毫的动摇。之所以强调坚持马克思主义，不是因为它是什么“先哲”的话语，而是因为在我们的实践中、在我们的斗争中证明是正确的。虽然距离马克思主义的诞生已经过去了170多年，虽然在此期间人类社会发生了翻天覆地的变化，但是马克思主义所阐述的一般原理整个来说仍然是完全正确的。例如，关于科学社会主义一般原则的分析就为历代共产党人所珍视。社会发展需要划分阶段，重视生产力的巨大增长和高度发展；实行生产资料公有制；坚持按劳分配原则，对社会生产有计划地指导与调节，全体社会成员共同富裕，无产阶级专政是达到消灭一切阶级和进入无阶级社会的过渡，以工人阶级的意识形态作为社会的统治思想，社会主义社会是经常变化和改革的社会，党是社会主义事业的领导核心，人的全面发展是最高价值目标。这些科学社会主义的基本原则时刻警醒我们，我们所高举的是马克思主义的旗帜，中国共产党人是马克思主义的忠诚信奉者、坚定实践者。

习近平新时代中国特色社会主义思想与毛泽东思想、邓小平理论、“三个代表”重要思想以及科学发展观有着共同的生成逻辑——马克思主义中国化。“马克思主义中国化”这个概念，是毛泽东在1938年10月党的六届六中全会上正式提出来的。它的内涵是要将马克思主义基本原理同中国具体实际相结合。这一概念提出之后逐渐成为中国共产党人特有的精神标识，它告诉我们，仅有马克思主义的“本本”是不够的，“离开中国特点谈马克思主义，只是抽象的空洞的马克思主义”，必须按照中国的特点去应用它。正如党的二十大报告指出的：“中国共产党人深刻认识到，只有把马克思主义基本原理同中国具体实际相结合、同中华优秀传统文化相结合，坚持运用辩证唯物主义和历史唯物主义，才能正确回答时代和实践提出的重大问题，才能始终保持马克思主义的蓬勃生机和旺盛活力。”

毛泽东思想就是在系统回答在半殖民地半封建社会的中国，我们党要领导什么样的革命、怎样进行革命，以及如何从中国实际出发进行社会主义革命和社会主义建设中创立的。

邓小平理论就是在深入回答和解决在和平和发展的时代条件下、在社会主义初级阶段的中国，我们要建设什么样的社会主义、怎样建设社会主义这一根本问题中创立的。

“三个代表”重要思想是在改革开放和现代化建设实践中进一步深化对什么是社会主义、怎样建设社会主义以及建设什么样的党、怎样建设党的时代课题的认识中形成和发展起来的。

科学发展观则是在全面建设小康社会进程中深刻回答了实现什么样的发展、怎么样发展，从而在新的历史起点上成功坚持和发展中国特色社会主义。

党的十八大以来，以习近平总书记为主要代表的中国共产党人，深刻把握时代新变化提出的新要求，顺应人民对美好生活的新期待，提出了一系列新理念新思想新战略，系统回答了新时代坚持和发展什么样的中国特色社会主义、怎样坚持和发展新时代中国特色社会主义，建设什么样的社会主义现代化强国、怎样建设社会主义现代化强国，建设什么样的长期执政的马克思主义政党、怎样建设长期执政的马克思主义政党等重大时代课题，提出一系列原创性的治国理政新理念、新思想、新战略，从而形成了习近平新时代中国特色社会主义思想。

毛泽东思想、邓小平理论、“三个代表”重要思想和科学发展观这些中国化的马克思主义为习近平新时代中国特色社会主义思想提供了丰富的思想资源。习近平新时代中国特色社会主义思想不仅从马克思主义中吸收养分，更是从中国化的马克思主义中吸收可供利用的思想资源。对于这一点，可以从三个方面去理解，一是表现在价值立场上。毛泽东指出，全心全意为人民服务是我们党的根本宗旨，一切也不能脱离群众。邓小平指出，要把“人民拥护不拥护”“人民赞成不赞成”“人民高兴不高兴”“人民答应不答应”作为制定各项方针政策的出发点和归宿。江泽民认为党要代表最广大人民的根本利益。胡锦涛则强调坚持以人为本，发展为了人民，发展依靠人民，发展成果由人民共享。习近平总书记在继承这一思想的基础上，坚持人民至上，提出了以人民为中心的思想，并将其作为贯穿习近平新时代中国特色社会主义思想的一条价值红线。他强调“党的一切工作，必须以最广大人民根本利益为最高标准”；改革就是要让人民群众拥有更多的“获得感”“幸福感”“安全感”，“改革发展搞得成功不成功，最终的判断标准是人民是不是共同享受到了改革发展成果”。

二是表现在基本理论上。习近平新时代中国特色社会主义思想对毛泽东思想的继承主要体现在社会主义经济建设思想、社会主义政治建设思想、社会主义文化建设思想、党的建设思想等方面。对邓小平理论、“三个代表”重要思想、科学发展观的继承则主要体现在社会主义本质理论、社会主义初级阶段理论、社会主义市场经济理论等方面。

三是表现在思想方法和工作方法上。实事求是、群众路线、独立自主是毛泽东思想活的灵魂，也是贯穿其中的基本立场、观点和方法。习近平非常重视这些活的灵魂，他指出：“新形势下，我们要坚持和运用好毛泽东思想活的灵魂，把我们党建设好，把中国特色社会主义伟大事业继续推向前进。”对于调查研究的工作方法，毛泽东说：“没有调查，没有发言权。”习近平进一步强调：“没有调查，就没有发言权，更没有决策权。”“把调查研究贯穿决策全过程，成为决策的必经程序。”

在继承的基础上，习近平新时代中国特色社会主义思想对毛泽东思想，特别是对邓小平理论、“三个代表”重要思想、科学发展观进行了进一步的丰富和发展。中国特色社会主义是改革开放以来党的全部理论和实践的主题，习近平新时代中国特色社会主义思想与邓小平理论、“三个代表”重要思想、科学发展观一样都属于中国特色社会主义理论体系。习近平总书记紧紧围绕着中国特色社会主义，通过对当代中国和当今世界变革与发展基本规律的揭示，进一步拓展了中国特色社会主义发展规律。从总目标、总任务、总体布局、战略布局、发展方向、发展方式、发展动力、战略步骤、外部条件、政治保证等基本问题上进一步丰富了中国特色社会主义在新时代的坚持和发展所涉及的一系列关键点。其中，在每个基本问题上都有其创新性的内容，例如，政治保证上就是坚持中国共产党的全面领导、坚持中国特色强军之路、坚持“一国两制”；战略步骤上则是先全面建成小康社会，在此基础上，再通过“两个十五年”建成富强、民主、文明、和谐、美丽的社会主义现代化强国；发展动力上则是要适应社会主要矛盾新变化，不断满足人民日益增长的美好生活需要，激发人民群众的创造活力。理论创新永无止境，体系完善不会止步，习近平新时代中国特色社会主义思想必将随着中国特色社会主义伟大实践的深入推进而继续发展，毫无疑问这一过程也必将是邓小平理论、“三个代表”重要思想和科学发展观的进一步与时俱进。

【习言习语】

新时代中国特色社会主义思想，是对马克思列宁主义、毛泽东思想、邓小平理论、“三个代表”重要思想、科学发展观的继承和发展，是马克思主义中国化最新成果，是党和人民实践经验和集体智慧的结晶，是中国特色社会主义理论体系的重要组成部分，是全党全国人民为实现中华民族伟大复兴而奋斗的行动指南，必须长期坚持并不断发展。

——2017 年 10 月 18 日，习近平总书记在中国共产党第十九次全国代表大会上的报告

【深度思考】

习近平新时代中国特色社会主义思想与毛泽东思想、邓小平理论、“三个代表”重要思想、科学发展观是什么关系？

【延伸阅读】

习近平：《高举中国特色社会主义伟大旗帜　为全面建设社会主义现代化国家而团结奋斗——在中国共产党第二十次全国代表大会上的报告》（2022 年 10 月 16 日），人民出版社，2022。

5. 习近平新时代中国特色社会主义思想蕴含什么样的中国智慧?

【学“习”问道】

习近平新时代中国特色社会主义思想是当代中国马克思主义、二十一世纪马克思主义，是中华文化和中国精神的时代精华，为解决人类问题贡献了中国智慧和中国方案。那么，习近平新时代中国特色社会主义思想蕴含什么样的中国智慧呢?

习近平新时代中国特色社会主义思想不仅是新时代中国特色社会主义实践的指导思想，而且蕴含着中国智慧的精髓。习近平总书记在“三个自信”的基础上提出了“文化自信”，指出:“我们说要坚定中国特色社会主义道路自信、理论自信、制度自信，说到底是要坚定文化自信。文化自信是更基本、更深沉、更持久的力量。”同时，习近平总书记多次提出要读经典、读历史，这些都展示了习近平新时代中国特色社会主义思想对中国智慧的继承与发扬。

一、习近平新时代中国特色社会主义思想蕴含着厚德载物的中国智慧

2012 年 11 月 29 日，习近平总书记率领新一届中央政治局常

委参观国家博物馆“复兴之路”展览并发表重要讲话，首次提出“中国梦”的概念。习近平中国梦理论体系体现了厚德载物的中国智慧。

首先，强调中国梦不仅是国家复兴之梦，而且是个人幸福之梦。“生活在我们伟大祖国和伟大时代的中国人民，共同享有人生出彩的机会，共同享有梦想成真的机会，共同享有同祖国和时代一起成长与进步的机会。”[①] 中国梦意味着把国家、民族和个人视为“三位一体”的命运共同体。

其次，不仅强调中国梦是中华民族的伟大复兴，还强调中国梦是“中国梦，亚洲梦，世界梦”三位一体。“中国梦与世界梦息息相通，中华民族应该对人类社会作出更大贡献。”[②] 从而确定了中国与世界各国的关系是合作发展而非零和博弈的关系。

二、习近平新时代中国特色社会主义思想蕴含着奋斗不息的中国智慧

实现中华民族伟大复兴的中国梦、走向世界舞台中央的征途，注定不会是一条平坦的大道。“当今世界正处于大发展大变革大调整时期，我们要具备战略眼光，树立全球视野，既要有风险忧患意识，又要有历史机遇意识，努力在这场百年未有之大变局中

① 习近平：《在第十二届全国人民代表大会第一次会议上的讲话》（2013 年 3 月 17 日），http://www.xinhuanet.com//2013lh/2013-03/17/c_115055434.htm。

② 习近平：《在纪念五四运动 100 周年大会上的讲话》（2019 年 4 月 30 日），http://jhsjk.people.cn/article/31059998。

把握航向。”[①]因此，习近平总书记强调：“行百里者半九十。中华民族伟大复兴，绝不是轻轻松松、敲锣打鼓就能实现的。全党必须准备付出更为艰巨、更为艰苦的努力。”这充分体现了习近平新时代中国特色社会主义思想蕴含着奋斗不息的中国智慧。

首先，“全党要充分认识这场伟大斗争的长期性、复杂性、艰巨性，发扬斗争精神，提高斗争本领，不断夺取伟大斗争新胜利”[②]。实现伟大的梦想，没有平坦的道路可走，每一代人都要走好自己的长征路。

其次，做好在较长时间应对外部环境变化打“持久战”的思想准备和工作准备。特别是在外交与国际事务中，必须坚持和平发展的底线，坚持独立自主的底线，坚持合作共赢的底线，坚持维护国家利益的底线；同时，必须高举构建人类命运共同体的旗帜，在国际社会中不断扩大“朋友圈”，团结一切可以团结的力量，争取中间力量，讲斗争艺术与斗争策略。

三、习近平新时代中国特色社会主义思想蕴含着以民为本的中国智慧

“以人民为中心”是习近平新时代中国特色社会主义思想的

---

① 习近平：《推动共建“一带一路”走深走实造福人民》（2018 年 8 月 27 日），https://baijiahao.baidu.com/s?id=1609945868809377231&wfr=spider&for=pc。

② 习近平：《决胜全面建成小康社会　夺取新时代中国特色社会主义伟大胜利——在中国共产党第十九次全国代表大会上的报告》，《人民日报》2017 年 10 月 28 日第 1 版。

主要内容，蕴含着中国智慧的民本思想。在中华民族发展史中，中国人民用勤劳和智慧创造了辉煌的精神文明和物质文明。从“为人民服务”到“人民对美好生活的向往就是我们的奋斗目标”，充分体现了以人民为中心的唯物史观本质要求，体现了坚持党的群众路线与坚持以人民为中心的工作导向。

“以人民为中心”的治国理政智慧体现在三个方面。首先，要让更广大人民群众满意必须共同富裕，“必须始终把人民利益摆在至高无上的地位，让改革发展成果更多更公平惠及全体人民，朝着实现全体人民共同富裕不断迈进”①。其次，要不断促进人的全面发展，“多年来，中国坚持以人民为中心的发展思想，把增进人民福祉、保障人民当家作主、促进人的全面发展作为发展的出发点和落脚点”②。再次，要精准扶贫，全面建成小康社会。

四、习近平新时代中国特色社会主义思想蕴含着求真务实的中国智慧

“求真”就是解放思想、实事求是、与时俱进，认识事物的本质，把握事物的规律。“务实”就是要在认识事物规律的基础上去实践。求真务实是马克思主义认识论的本质体现，也体现了

① 习近平：《决胜全面建成小康社会　夺取新时代中国特色社会主义伟大胜利——在中国共产党第十九次全国代表大会上的报告》，《人民日报》2017年10月28日第1版。

② 《习近平致“纪念〈发展权利宣言〉通过30周年国际研讨会”的贺信》（2016年12月4日），https://news.12371.cn/2016/12/04/ARTI1480839032360215.shtml?t=636164967141128983。

中国智慧注重求经世致用、革故鼎新的品质。习近平新时代中国特色社会主义思想蕴含着求真务实的中国智慧。

首先，求真务实要求科学发展。对于经济发展，党的十八大以来习近平总书记作出中国经济处于新常态的准确判断，提出把“摸着石头过河”与“顶层设计”结合起来的思维方法，制定“四个全面”战略布局、“五位一体”总体布局的科学方略。

其次，求真务实要求改革开放。习近平总书记强调“以开放促改革促发展”，特别是把改革开放与推动国家治理体系与治理能力现代化结合起来，把改革开放与建设法治中国结合起来，把改革推向纵深。把全面深化改革和全面开放进行到底成了习近平新时代中国特色社会主义思想永不褪色的基调。

再次，求真务实要求大兴调研之风。习近平总书记高度重视调查研究，警示“空谈误国，实干兴邦”，提倡“踏石留印，抓铁有痕”的实干作风，坚持创新、协调、绿色、开放、共享的新发展理念，坚持用新发展理念引领发展全局，这些都充分体现了习近平新时代中国特色社会主义思想的求真务实、与时俱进。

五、习近平新时代中国特色社会主义思想蕴含着中国传统哲学的生态智慧

习近平总书记提出的“两山”发展理念，揭示了生态文明建设与经济发展的辩证统一关系。保护自然就是保护人类，建设生态文明就是造福人类。中华智慧强调“天人合一”，提倡“顺其自然”，有着自然辩证法的萌芽。“两山”发展理念是马克思自然

辩证法在21世纪的创新发展，是中国特色社会主义在新时代的必然要求，也是满足“人们对美好生活的向往”的实现途径。生态文明建设体现了习近平新时代中国特色社会主义思想对中国智慧的继承与发扬。

良好的生态环境是最公平的公共产品，是普惠的民生福祉，因此，“要清醒认识保护生态环境、治理环境污染的紧迫性和艰巨性，清醒认识加强生态文明建设的重要性和必要性，以对人民群众、对子孙后代高度负责的态度和责任，真正下决心把环境污染治理好、把生态环境建设好，努力走向社会主义生态文明新时代，为人民创造良好生产生活环境。”①

怎么办？一方面，重视把生态文明建设和绿色发展与生活方式纳入“顶层设计”，牢固树立社会主义生态文明观，统筹山水林田湖草系统治理；另一方面，通过建设法治中国从而推动美的中国建设，全面推进依法治国，坚持和发展社会主义民主政治，实行最严格的生态环境保护制度。

六、习近平新时代中国特色社会主义思想蕴含着协和万邦的中国智慧

中国是世界和平维护者，中华民族是爱好和平的民族。习近平主席指出：“和平、和睦、和谐的追求深深植根于中华民族的精

① 习近平：《努力走向社会主义生态文明新时代》（2013年5月24日），载《习近平谈治国理政》第一卷，外文出版社，2014，第208页。

神世界之中。中国人自古就提出了‘国虽大，好战必亡’的箴言，‘以和为贵’‘天下太平’‘天下大同’等理念世代相传。”[①]习近平新时代中国特色社会主义思想蕴含着协和万邦的中国智慧。

首先，协和万邦体现了中国对和平的价值追求。“和平是人民的永恒期望。和平犹如空气和阳光，受益而不觉，失之则难存。没有和平，发展就无从谈起。国家无论大小、强弱、贫富，都应该做和平的维护者和促进者，不能这边搭台、那边拆台，而应该相互补台、好戏连台。”[②]中国人民把和平等同于空气与阳光。2014 年 3 月 27 日，在中法建交 50 周年纪念大会上，习近平主席借用拿破仑说过“中国是一头沉睡的狮子”这个故事，强调：“中国这头狮子已经醒了，但这是一只和平的、可亲的、文明的狮子。”

其次，协和万邦表达了中国在国际事务中的大国责任与担当。2021 年 7 月 16 日，习近平总书记在参观“友好往来　命运与共——党和国家领导人外交活动礼品展”时指出：“中国共产党是为中国人民谋幸福的政党，也是为人类进步事业而奋斗的政党。”为世界谋大同，是中国共产党始终不渝的追求。

再次，协和万邦呼唤全球共同治理观。人类处在同一个“地球村”，全球利益与国别利益日益密切结合，最终形成“你中有我，我中有你”的全球利益共同体。任何一环出现问题，都可能导致

---

① 《共创中韩合作未来　同襄亚洲振兴繁荣——在韩国国立首尔大学的演讲》（2014 年 7 月 4 日），http://jhsjk.people.cn/article/25242090。

② 《共同创造亚洲和世界的美好未来——习近平在博鳌亚洲论坛 2013 年年会上的主旨演讲》（2013 年 4 月 7 日），http://jhsjk.people.cn/article/21048139。

全球利益链中断；任何一次包括公共疫情在内的全球危机，都需要世界各国协调行动、共同应对。按照协和万邦的逻辑，“构建人类命运共同体”，建设持久和平、普遍安全、共同繁荣、开放包容、清洁美丽的世界……中国智慧在习近平新时代中国特色社会主义思想中以全新的表达传递给世界。

总之，正如党的二十大报告所指出的：“中华优秀传统文化源远流长、博大精深，是中华文明的智慧结晶，其中蕴含的天下为公、民为邦本、为政以德、革故鼎新、任人唯贤、天人合一、自强不息、厚德载物、讲信修睦、亲仁善邻等，是中国人民在长期生产生活中积累的宇宙观、天下观、社会观、道德观的重要体现，同科学社会主义价值观主张具有高度契合性。我们必须坚定历史自信、文化自信，坚持古为今用、推陈出新，把马克思主义思想精髓同中华优秀传统文化精华贯通起来、同人民群众日用而不觉的共同价值观念融通起来，不断赋予科学理论鲜明的中国特色，不断夯实马克思主义中国化时代化的历史基础和群众基础，让马克思主义在中国牢牢扎根。”

【习言习语】

中华民族有着深厚文化传统，形成了富有特色的思想体系，体现了中国人几千年来积累的知识智慧和理性思辨。这是我国的独特优势。中华文明延续着我们国家和民族的精神血脉，既需要薪火相传、代代守护，也需要与时俱进、推陈出新。要加强对中华优秀传统文化的挖掘和阐发，使中华民族最基本的文化基因与当代文化相适应、与现代社会相协调，把跨越时空、超越国界、富有永恒魅力、具有当代价值的文化精神弘扬起来。

——2016 年 5 月 17 日，习近平总书记在哲学社会科学工作座谈会上的讲话

【深度思考】

习近平新时代中国特色社会主义思想蕴含什么样的中国智慧?

【延伸阅读】

习近平:《实现中国梦不仅造福中国人民，而且造福世界人民》(2013 年 5 月)，载《习近平谈治国理政》第一卷，外文出版社，2018，第 56—57 页。

6. 习近平新时代中国特色社会主义思想的精髓是什么？

【学“习”问道】

学习和掌握任何一种思想，最重要的就是掌握蕴含其中的精髓要义。习近平新时代中国特色社会主义思想作为指引我们实现中华民族伟大复兴的行动指南，是一个庞大的思想体系。那么，这一思想体系的精髓是什么呢？

习近平新时代中国特色社会主义思想作为当代中国的马克思主义、21 世纪的马克思主义，是一个有着丰富理论内涵、严谨逻辑论证、强大生命力的理论体系，是指引我们在新时代向着伟大梦想不断前进的行动指南。学懂弄通做实习近平新时代中国特色社会主义思想，至关重要的是要牢牢把握这一科学理论的世界观和方法论，系统掌握贯穿其中的马克思主义立场观点方法，活学活用马克思主义活的灵魂以更好地指导中国实践，让当代中国马克思主义放射出更加灿烂的真理光芒。

第一，在全面建设社会主义现代化强国的新征程上，推进马克思主义中国化时代化和中国特色社会主义伟大事业，必须坚持人民至上。马克思主义是人民的理论，是人民实现自身解放的思想体系，其根本价值追求就是为人类求解放。人民性是马克思主义的本质属性，作为马克思主义执政党，我们的理论和实践都必须扎根人民、为了人民、造福人民。坚持人民至上，充分体现了马克思主义的核心价值追求，是习近平新时代中国特色社会主义思想的价值原点。习近平总书记一再强调，要始终坚持全心全意为人民服务的根本宗旨，坚持党的群众路线，始终牢记江山就是人民、人民就是江山，坚持一切为了人民、一切依靠人民，坚持为人民执政、靠人民执政，坚持发展为了人民、发展依靠人民、发展成果由人民共享，坚定不移走全体人民共同富裕道路，永远铭记人民对美好生活的向往就是我们的奋斗目标，依靠人民创造历史伟业。坚持人民至上、人民立场、以人民为中心的发展思想，包含了对中国特色社会主义价值取向、发展动力的科学回答和阐述，是对马克思主义唯物史观的创造性运用。

第二，在全面建设社会主义现代化强国的新征程上，推进马克思主义中国化时代化和中国特色社会主义伟大事业，必须坚持自信自立。马克思主义都是鲜活的、具体的，世界上从来不存在放之四海而皆准的永恒真理。习近平总书记在庆祝中国共产党成立 100 周年大会上的讲话中指出："走自己的路，是党的全部理论和实践立足点，更是党百年奋斗得出的历史结论。"中国共产党经历了百年风雨，百年的奋斗历程深刻揭示出一个道理：适合自己的才是最好的，只有立足自身实际，坚持走自己的路，我们的事业才有前途和希望。走自己的路，必须做到自信自立，避免盲从迷信、确保正确方向、绝不封闭僵化。中国的问题必须从中国基本国情出发，由中国人自己来解答。我们要坚持对马克思主义的坚定信仰、对中国特色社会主义的坚定信念，坚定道路自信、理论自信、制度自信、文化自信，以更加积极的历史担当和创造精神为坚持、发展和运用马克思主义作出新的贡献，既不能刻舟求剑、封闭僵化，也不能照抄照搬、食洋不化，而是要在自己选择的道路上昂首阔步走下去。只有把中国发展进步的命运牢牢掌握在自己手中，才能够不断创造新时代中国特色社会主义新辉煌。坚持自信自立，坚持和运用马克思主义的世界观和方法论，独立自主地解决自己的问题，充分体现了马克思主义具体问题具体分析的活的灵魂。

第三，在全面建设社会主义现代化强国的新征程上，推进马克思主义中国化时代化和中国特色社会主义伟大事业，必须坚持守正创新。马克思主义是我们立党立国、兴党强国的根本指导思想，必须始终坚持其基本立场观点方法，不能有任何形式的曲解和歪曲。但是，马克思主义具有鲜明的实践品格，从来都不是僵死的教条和抽象的理论，而是扎根于实践并随着实践不断丰富和发展的具体的、鲜活的、开放的理论体系。我们要以科学的态度对待科学、以真理的精神追求真理，遵循唯物辩证法的基本逻辑，把唯物论、辩证法和价值论统一到人类解放的实践论中，具体问题具体分析、用发展着的马克思主义创造性地应对和解决不断遇到的新情况和新问题。坚定对马克思主义的信仰，用发展着的马克思主义指导新的实践，必须坚持马克思主义的本真精神，紧紧抓住马克思主义一以贯之的精髓，牢牢把握马克思主义一脉相承的“脉”，即“守正”；同时要在把马克思主义基本原理同中国具体实际相结合、同中华优秀传统文化相结合的基础上，扎根社会实践、立足当今时代、面向现实问题，提出新的思路、新的战略、新的举措，不断推动理论创新和实践创新，并在理论创新和实践创新的良性互动中不断根据新的实践活学活用马克思主义活的灵魂解决新的问题，即“创新”。我们从事的是前无古人的伟大事业，守正才能不迷失方向、不犯颠覆性错误，创新才能把握时代、引领时代。我们坚持和发展马克思主义永远不能丢的就是其实现人类解放的根本价值以及唯物辩证法的科学方法和基本态度，其他的具体结论和做法都可以而且必须随着时代的变化而不断守正创新，这也充分体现了创新和守正的历史辩证法。

第四，在全面建设社会主义现代化强国的新征程上，推进马克思主义中国化时代化和中国特色社会主义伟大事业，必须坚持问题导向。问题是时代的声音，回答并指导解决问题是理论的根本任务。任何一种有价值的思想理论，都要能够有力回答时代问题，经得住时代考验。理论必须扎根于实际，理论一旦脱离实际，就会变得空洞，不能解决现实问题，也就必然会失去生命力。每个时代都有每个时代的问题，当代中国正在经历人类历史上最为宏大而独特的实践创新，改革发展稳定任务之重、矛盾风险挑战之多、治国理政考验之大都前所未有，世界百年未有之大变局深刻变化前所未有，面临着许多亟待回答的理论和实践课题。我们要准确把握时代大势，勇于站在人类发展前沿，聆听人民心声，回应现实需要，坚持解放思想、实事求是、与时俱进，更好地把坚持马克思主义和发展马克思主义统一起来，坚持用马克思主义之“矢”去射新时代中国之“的”，及时科学回答中国之问、世界之问、人民之问、时代之问，推进马克思主义创新发展，让马克思主义展现出更强大、更有说服力的真理力量，指引党和国家事业再创新的奇迹、取得更大胜利。坚持问题导向和增强问题意识，充分彰显了马克思主义实事求是、不尚空谈和直面问题的实践品格。

第五，在全面建设社会主义现代化强国的新征程上，推进马克思主义中国化时代化和中国特色社会主义伟大事业，必须坚持系统观念。系统是由若干相互联系、相互作用、相互依存的要素按照一定的结构构成的整体。万事万物都是作为系统存在和发展的，事物作为系统而存在，都是处于和其他事物的千丝万缕的联系之中的，这些联系就构成了事物存在的现实条件。事物作为系统而发展，是由阶段和阶段相互联系所构成的一个过程。每一个事物都是处于一定历史阶段的事物，是前一阶段的结果，是后一阶段的前题。阶段和阶段之间的联系就构成了事物存在的历史条件。因此，万事万物都是普遍联系和永恒发展的，从来没有隔断历史的飞来峰，也没有孤立存在的原子。只有用普遍联系的、全面系统的、发展变化的观点观察事物，才能把握事物发展规律。中国特色社会主义事业涉及经济、政治、文化、社会、生态等多个领域，各领域之间相互联系、相互制约，推进伟大事业绝不是某一领域的单打独斗，任何一个领域的发展都有可能牵动其他领域，同时也需要其他领域的密切配合。我们在工作中必须坚持系统观念，善于通过历史看现实、透过现象看本质，把握好全局和局部、当前和长远、宏观和微观、主要矛盾和次要矛盾、特殊和一般的关系，不断提高战略思维、历史思维、辩证思维、系统思维、创新思维、法治思维、底线思维能力，为前瞻性思考、全局性谋划、整体性推进党和国家各项事业提供科学思想方法。唯物辩证法是马克思主义的根本思想方法，坚持系统观念充分彰显了唯物辩证法的精髓和核心要义。

第六，在全面建设社会主义现代化强国的新征程上，推进马克思主义中国化时代化和中国特色社会主义伟大事业，必须坚持胸怀天下。为绝大多数人谋福利，让人民大众摆脱自然界、人类社会和思想的奴役和压迫，实现每个人的自由全面发展，是马克思主义理论一以贯之的最高理想、价值追求和逻辑起点，这个价值理想也一直处在人类共同价值的制高点。中国共产党是以马克思主义为指导思想的政党，必须坚持马克思主义的基本立场，坚持人民立场，这就要求中国共产党必须把造福人民和人类解放作为自己的终身价值追求。中国共产党是为中国人民谋幸福、为中华民族谋复兴的党，也是为人类谋进步、为世界谋大同的党。坚持胸怀天下，是为中国人民谋幸福和为中华民族谋复兴的逻辑必然，既体现了中国共产党关注世界发展和人类事业进步的天下情怀，也体现了中国共产党致力于实现“全人类解放”的崇高共产主义远大理想，以及立志于推动构建“人类命运共同体”的使命担当和博大胸襟。因此，我们要拓展世界眼光，深刻洞察人类发展进步潮流，积极回应各国人民普遍关切，为解决人类面临的共同问题作出贡献，以海纳百川的宽阔胸襟借鉴吸收人类一切优秀文明成果，推动建设更加美好的世界。坚持胸怀天下，充分体现了马克思主义的人类解放的世界历史视野。

真学真懂真信真用习近平新时代中国特色社会主义思想，不仅要知其言更要知其义，不仅要知其然更要知其所以然，牢牢把握习近平新时代中国特色社会主义思想的世界观和方法论，坚持好和运用好贯穿其中的立场观点方法，活学活用其所蕴含的马克思主义的精髓和活的灵魂。把坚持马克思主义和发展马克思主义统一起来，结合新的实践不断作出新的理论创造，这是马克思主义永葆生机活力的奥妙所在，也是习近平新时代中国特色社会主义思想不断守正创新的内在逻辑。

【习言习语】

实践没有止境，理论创新也没有止境。不断谱写马克思主义中国化时代化新篇章，是当代中国共产党人的庄严历史责任。继续推进实践基础上的理论创新，首先要把握好新时代中国特色社会主义思想的世界观和方法论，坚持好、运用好贯穿其中的立场观点方法。

——2022 年 10 月 16 日，习近平总书记在中国共产党第二十次全国代表大会上的报告

【深度思考】

习近平新时代中国特色社会主义思想的精髓是什么？

【延伸阅读】

习近平：《高举中国特色社会主义伟大旗帜　为全面建设社会主义现代化国家而团结奋斗——在中国共产党第二十次全国代表大会上的报告》（2022 年 10 月 16 日），人民出版社，2022。

7. 为什么说中国特色社会主义是社会主义而不是其他什么主义？

【学“习”问道】

改革开放以来，中国的经济体制改革不断向纵深推进，经济建设取得了令世界为之震惊的巨大成就，质疑与诘问也随之而来。近些年来，国内外有些舆论提出了“中国现在搞的究竟还是不是社会主义”的疑问，把中国特色社会主义说成是“中国特色资本主义”“国家资本主义”“权贵资本主义”“新官僚资本主义”等的论调，不一而足。那么，我们所坚持的中国特色社会主义为什么是不是社会主义？

从历史到现实，从理论到实践，中国特色社会主义是社会主义，而不是其他什么主义。究其所以然，我们首先要说清楚为什么中国特色社会主义是社会主义，又要弄明白中国特色社会主义为什么不是其他什么主义。如果就此作一引喻，科学社会主义这棵大树，萌发于人类与生俱来对于理想社会的美好追求，根植于自古希腊沿袭而来的西方古典哲学传统，汲取以工人阶级为主要力量的人民群众之社会实践的淙淙清泉，而其延伸出的最为茁壮茂密的一个枝丫就是中国特色社会主义。

为什么说中国特色社会主义是社会主义？因为它从来不是凭空臆造出来的，而是在遵从科学社会主义创始人的初衷、始终遵循社会主义基本原则的基础上，由中国共产党人结合了中国的实际情况、通过近百年的奋斗与实践检验确立的。中国共产党百年奋斗史，也是一部坚持和发展马克思主义的历史，马克思主义创始人马克思和恩格斯所开创的科学社会主义理论，在中国共产党人的脚下延伸出了一条别具东方气派的新道路。党的十七大报告指出：中国特色社会主义道路，就是在中国共产党领导下，立足基本国情，以经济建设为中心，坚持四项基本原则，坚持改革开放，解放和发展社会生产力，巩固和完善社会主义制度，建设社会主义市场经济、社会主义民主政治、社会主义先进文化、社会主义和谐社会，建设富强、民主、文明、和谐、美丽的社会主义现代化国家。这条道路对于科学社会主义基本原则的遵循，鲜明地体现在党对一切工作的统一领导上，鲜明地体现在对我国基本经济、政治、文化制度的始终坚持上，鲜明地体现在对全体人民共同富裕的坚定追求上。

习近平总书记强调，科学社会主义基本原则不能丢，丢了就不是社会主义。中国共产党是在马克思主义指导下的无产阶级革命政党，从诞生之日起，就为着领导人民推翻三座大山、建立自由民主的人民共和国而奋斗。摆在中国共产党和中国人民面前的，从来就不是要不要建设社会主义的问题，而是如何坚持社会主义原则、更好地建设社会主义国家的问题。正所谓万变不离其宗，中国特色社会主义道路的方向，始终没有偏离过科学社会主义的基本原则。

新中国成立后，在以毛泽东同志为核心的党的第一代领导集体的领导下，我们完成了对生产资料私有制的三大社会主义改造，于1956年正式确立起社会主义制度，社会主义经济焕发出前所未有的蓬勃生机。在这之后，我们又在如何建设社会主义的道路上摸索了20多年，曾经历过挫折，但不忘前行，持续探索。1978年，党的十一届三中全会召开，在重新确立起来的“解放思想、实事求是”的思想路线指导下，邓小平同志开创了中国特色社会主义，为它确定了基本思路和基本原则。这种开创既是理论上的，即第一次比较系统地初步回答了在中国这样经济文化比较落后的国家如何建设社会主义、如何巩固和发展社会主义的一系列基本问题，开拓了马克思主义中国化的新境界，把对社会主义的认识提高到新的科学水平；又是实践上的，即社会主义中国从此踏上改革开放伟大征程。邓小平同志提出，贫穷不是社会主义，社会主义要消灭贫穷。只有不断解放和发展生产力，不断追求全体人民的共同富裕，才符合社会主义基本原则。任何远大目标的实现都不可能一蹴而就，从安徽凤阳小岗村农民的“包产到户”到家庭联产承包责任制，从城市扩大企业经营自主权到逐步放开重要产品价格的改革，从完全的苏联模式计划经济体制到社会主义市场经济体制建立，从经济建设“三步走”发展战略到实现中华民族伟大复兴的中国梦……不论前进的方式和阶段性路径如何变换，中国特色社会主义对社会主义基本原则的坚持都没有变。我们可以理直气壮地宣称，我们举起的是马克思主义的旗帜，走的是社会主义的道路。

为什么说中国特色社会主义不是其他什么主义？中国特色社会主义因其对社会主义基本原则的坚持和遵守，是成其为社会主义的根本所在。也正因如此，我们在中国的理论和实践，同“资本社会主义”“国家资本主义”“新官僚资本主义”等“其他什么主义”是根本不同的，更不能混为一谈。习近平总书记说过，一个国家实行什么样的主义，关键要看这个主义能否解决这个国家面临的历史性课题。向前回溯，百余年前的中国还在黑暗中摸索，封建政权风雨飘摇，帝国主义、官僚资本主义环伺于侧，如何自救？洋务运动折戟沉沙、戊戌变法胎死腹中，改良主义没有延缓地主阶级退出历史舞台的脚步；民族资本主义罹患“先天不足”的“软骨病”，担不起建立资本主义国家的使命。20世纪初叶是一个多种思潮自由流淌的年代，在中国选择前进道路的过程中，也曾“乱花渐欲迷人眼”。追求个人自由、实则放任自流的自由主义，主张把人类社会进步与生物进化简单对待、崇尚优胜劣汰法则的社会达尔文主义，以“社会主义”的面貌传入中国、以极端行为行反政府之实、最终与科学社会主义站到对立面的无政府主义，崇拜物质文明、缺乏精神追求的实用主义，打着“爱国”旗号、行恐怖暴力行动之实的民粹主义，宣扬工人自治、却否认无产阶级革命和无产阶级专政必要性的工团主义，等等，无不粉墨登场，也无一例外地在历史与实践的检验中跌落尘埃。只有科学社会主义穿透黑暗和迷雾，带领积贫积弱的中国走向新生。

在中国的改革开放不断深化、经济建设和社会建设取得跨越式发展的同时，对于“中国走的道路究竟是不是社会主义”的质疑纷至沓来，其中固然有理论界和学术界的争鸣，但更值得关注的则是意识形态领域居心叵测的诬蔑毁谤。特别是在苏联解体、东欧剧变以后，中国顶住了巨大压力坚持走社会主义道路，非但没有在别有用心的唱衰论调中崩溃，反而综合国力与日俱增，人民生活水平不断提高，2021 年 2 月，习近平总书记庄严宣布“我国脱贫攻坚战取得了全面胜利”，其他一切什么主义都没有能够完成的伟大历史使命，由在中国特色社会主义理论指导下的中国共产党领导人民完成了。历史和现实都告诉我们，只有社会主义才能救中国，只有中国特色社会主义才能发展中国，这是历史的结论、人民的选择。

此时此刻，我们更要清醒地认识到，中国特色社会主义既不是所谓国家资本主义，也不是所谓官僚资本主义。中国特色社会主义作为科学社会主义，是作为资本主义对立面而存在的。社会主义作为必然战胜并取代资本主义的更高级的社会形式，不论与资本主义力量对比的强弱，也不论处于萌芽、发展、壮大、胜利的任何一个历史阶段，它在本质上都是社会主义，而绝不会变成资本主义。如果妥协了、投降了、变质了，那么它也就不能称其为社会主义，也不能完成取代资本主义的历史任务。党的十八大报告指出：“我们既不走封闭僵化的老路，也不走改旗易帜的邪路。”“封闭僵化”的“老路”并非“通途”，因为它没有带领我国社会主义经济实现跨越式发展，没有带领人民走向共同富裕，我们建设富强的社会主义国家的目标难以在这条道路上实现；而

"改旗易帜"，则要么像苏联等一批社会主义国家一样使无产阶级政党失去执政权，放弃社会主义原则，彻底走上资本主义的道路，要么照搬西方民主原则，走上所谓"民主社会主义"这条"邪路"，社会主义原则仍然是名存实亡。对于共产党领导下的人民民主专政的社会主义中国而言，我们绝不可能、全体人民绝不允许走上这样的"邪路"，开创一条具有本国特色的社会主义道路是摆在中国面前唯一的道路。作为带有阶级属性的资本，掌握在人民民主专政的社会主义国家手中，就是掌握在人民手中，也就同资本主义、官僚资本主义没有丝毫关系。

中国特色社会主义是科学社会主义在中国的具体实践形式，是科学社会主义基本原理和原则与中国实际相结合的产物。在当代中国，坚持和发展中国特色社会主义，就是真正坚持社会主义。正确回答了这个问题，就从根本上明确了科学社会主义与中国特色社会主义之间源与流的关系，也将从根本上保证中国特色社会主义始终沿着社会主义的方向继续前进。

【习言习语】

中国特色社会主义，是科学社会主义理论逻辑和中国社会发展历史逻辑的辩证统一，是根植于中国大地、反映中国人民意愿、适应中国和时代发展进步要求的科学社会主义。

——2013 年 1 月 5 日，习近平总书记在新进中央委员会的委员、候补委员学习贯彻党的十八大精神研讨班上的讲话

【深度思考】

为什么说中国特色社会主义是社会主义而不是其他什么主义？

【延伸阅读】

习近平：《关于坚持和发展中国特色社会主义的几个问题》（2013 年 1 月 5 日），《求是》2019 年第 7 期。

8. 如何理解习近平经济思想的核心要义？

【学“习”问道】

习近平新时代中国特色社会主义经济思想，是我们党坚持观大势、谋全局、干实事，成功驾驭了我国经济发展大局，在实践中形成的以新发展理念为主要内容的最新理论成果，是“两个一百年”社会主义现代化强国目标和中华民族伟大复兴实践的行动指南，谱写了当代马克思主义政治经济学的新篇章。那么，如何理解习近平经济思想的核心要义呢？

“这是一个需要理论而且一定能够产生理论的时代，这是一个需要思想而且一定能够产生思想的时代。”中国共产党百年历程，是一个不断运用马克思主义理论解决中国问题的历程，是马克思主义中国化的历程。习近平新时代中国特色社会主义经济思想，在 2017 年 12 月中央经济工作会议上首次提出。它是党的十八大以来推动中国经济发展实践的理论结晶，是中国特色社会主义政治经济学的最新成果。理解习近平经济思想的核心要义要把握三个“新”，即新时代、新理念、新方略。

一、中国特色社会主义经济发展进入了新时代

中国特色社会主义属于社会主义初级阶段，经过改革开放30多年的发展，中国特色社会主义进入了新时代。2017年10月18日，习近平总书记在党的十九大报告中庄严宣布：“经过长期努力，中国特色社会主义进入了新时代，这是我国发展新的历史方位。”

变化之一在发展阶段：新时代意味着我国经济发展处于新的发展阶段。从170多年的科学社会主义发展进程看，中国特色社会主义是21世纪的科学社会主义。中国特色社会主义进入新时代，意味着科学社会主义在21世纪因中国而焕发出强大生机活力。从70多年新中国发展史看，中国特色社会主义进入新时代，意味着近代以来久经磨难的中华民族在完成了站起来、富起来的历史任务基础上，正走向世界舞台中央，正迎来强起来的伟大飞跃，正行进在实现中华民族伟大复兴的新长征途中。

变化之二在主要矛盾：新时代意味着我国经济发展面对新的主要矛盾。我国经济发展面对的主要矛盾发生了变化。新中国成立以来，我国经济发展面对的主要矛盾经历了三个阶段的发展变化过程。社会主义制度建立后，1956年党的八大明确国内的主要矛盾“已经是人民对于建立先进的工业国的要求同落后的农业国的现实之间的矛盾，已经是人民对于经济文化迅速发展的需要同当前经济文化不能满足人民需要的状况之间的矛盾”，国家主要任务是建成独立的比较完整的工业体系和国民经济体系，为实现国家的工业化和现代化目标奠定重要的经济基础。1981年，党的

十一届六中全会指出，“在社会主义初级阶段，我国社会的主要矛盾是人民日益增长的物质文化需要同落后的社会生产之间的矛盾”。2017 年党的十九大指出，我国社会主要矛盾已经转化为人民日益增长的美好生活需要和不平衡不充分的发展之间的矛盾。美好生活的需要，从物质文化生活更高需求，扩大到民主、法治、公平、正义、安全、环境等更大范围和领域的要求。

变化之三在发展环境：新时代意味着我国经济发展处于“两个大局”中。在国际，当今世界正处于大发展大变革大调整时期，我国经济发展面对“百年未有之大变局”带来的新挑战；在国内，新时代我国经济发展正处于中华民族实现伟大复兴战略全局中。因此，一方面，“我们要具备战略眼光，树立全球视野，既要有风险忧患意识，又要有历史机遇意识，努力在这场百年未有之大变局中把握航向”①；另一方面，“要继续练好内功、办好自己事，加快市场化改革，营造法治化营商环境，加快经济结构调整，推动产业优化升级，支持企业做大做强，提高国际竞争力和抗风险能力”②。

二、新时代中国特色社会主义经济发展新理念

党的十一届三中全会确定把工作重点转移到经济建设上来。

---

① 习近平:《推动共建“一带一路”走深走实造福人民》(2018 年 8 月 27 日), https://baijiahao.baidu.com/s?id=1609945868809377231&wfr=spider&for=pc。

② 《加快实施自由贸易区战略　加快构建开放型经济新体制》,《人民日报》2014 年 12 月 7 日第 1 版。

经济发展规律要求让一部分人先富起来，让一部分地区先发展起来，在经济发展初期必须保持发展速度。从 1978 年至 2016 年，改革开放以来的 30 多年，我国国内生产总值（GDP）年平均增长 9.7%。1982 年党的十二大，我国 GDP 突破 5000 亿元，达到 5373 亿元人民币。2001 年我国加入世界贸易组织，我国 GDP 突破 10 万亿元，达到 110863 亿元人民币。2012 年党的十八大，我国 GDP 突破 50 万亿元，达到 538580 亿元人民币。按照经济发展规律，随着经济总量的增加，就要从追求发展速度转向追求发展质量。依然要坚持“发展才是硬道理”，但是，这里所说的“发展”不仅是发展速度，而更多是指发展质量。

因此，党的十八大以后，习近平总书记提出了中国经济发展新常态概念。2013 年 12 月 10 日，在中央经济工作会议上，习近平总书记首次提出“新常态”。所谓中国经济发展新常态就是“在增长速度不可避免换挡的同时，经济发展方式加快转变，经济结构不断优化，发展动力持续转换，改革开放释放出新的发展活力，良好发展态势可以保持”[①]。

经济发展新理念之一：深化供给侧结构性改革。供给侧结构性改革的着力点在供给，总的要求是“巩固、增强、提升、畅通”八字方针，强调“巩固三去一降一补”成果。一些人把供给侧结构性改革等同于西方供给学派。习近平总书记明确指出：“我们讲

---

① 习近平：《在党的十八届五中全会第二次全体会议上的讲话（节选）》（2015 年 10 月 29 日），《求是》2016 年第 1 期。

的供给侧结构性改革，同西方经济学的供给学派不是一回事，不能把供给侧结构性改革看成是西方供给学派的翻版，更要防止有些人用他们的解释来宣扬‘新自由主义’，借机制造负面舆论。”[①]

经济发展新理念之二：推动经济高质量发展。当前，我国正处于转变经济发展方式的攻坚期，高质量发展坚持“五中全会提出的创新、协调、绿色、开放、共享的发展理念，是关系我国发展全局的一场深刻变革。”[②] 其中，绿色发展理念是习近平新时代中国特色社会主义经济思想的突出亮点。习近平总书记的“两山”经济发展理念，着力解决严重的环境污染问题，为人民提供良好的生态环境，通过绿色生产方式，发展节能环保产业，养成绿色生活方式，以低资源消耗、低环境污染方式实现美丽中国建设目标。“十四五”规划和 2035 年远景目标纲要都把绿色发展纳入发展目标。满足人民日益增长的美好生活需要，也包括满足人民对优美生态环境的需求。绿色发展理念就是解决新时代中国经济发展主要矛盾的法宝之一。根据国家统计局 2000—2020 年 GDP 增长率来看，GDP 增长率从 2012 年开始降低，2012—2020 年增长率分别为 7.86%、7.77%、7.43%、7.04%、6.85%、6.95%、6.75%、5.95%、2.3%，告别了平均 10% 左右的高速增长，开始进入经济

① 习近平：《习近平谈治国理政》第二卷，外文出版社，2017，第 251 页。

② 《习近平主持召开中央全面深化改革领导小组第十八次会议强调 全面贯彻党的十八届五中全会精神 依靠改革为科学发展提供持续动力》（2015 年 11 月 9 日），https://news.12371.cn/2015/11/09/VIDE1447071901649908.shtml?from=timeline。

增速换挡期。经济增速虽比以前有所回落，但7%左右的增速仍是世界增速最高的经济体，随经济体量不断增长，经济增量仍然可观，如2019年GDP增量（67234亿元）已超1995年全年经济总量（61339.89亿元），接近1996年全年经济总量（71813.63亿元）。同时，新常态实现从速度规模型向效率质量型发展方式的转型，协同推进新型工业化、城镇化、信息化、农业现代化，实现经济高质量发展。

经济发展新理念之三：坚持创新发展理念。党的十八大以来，以习近平同志为核心的党中央，对新时代经济社会发展提出了许多重大理论和理念，其中最重要、最主要的是创新发展理念。党的十九大把坚持新发展理念作为新时代坚持和发展中国特色社会主义的“十四个坚持”基本方略的重要原则和组成部分。习近平总书记强调创新是一个民族进步的灵魂，在世界新一轮产业革命和科技革命变革的历史机遇期，创新是引领发展的第一动力，因此，将创新作为发展理念的第一位，将创新放在国家发展全局的核心位置，实现理论创新、制度创新、科技创新、文化创新等领域创新，以创新引领发展，推进国家综合竞争力提升。

三、新时代中国特色社会主义经济发展的新方略

经济发展新方略之一：“顶层设计”，这是习近平新时代中国特色社会主义经济思想的方法论。改革开放如同“涉水”，刚刚入水时还可以“摸着石头过河”。当前中国经济进入了“深水区”，仅靠“摸着石头过河”是不够的。“顶层设计”是指统筹考虑项

目各层次和各要素，追根溯源，统揽全局，在最高层次上寻求解决问题之道。不谋万世者，不足谋一时；不谋全局者，不足谋一域。重视“顶层设计”有两层含义，第一层含义是统筹规划与改革；第二层含义是注重各项改革的协同配合，统筹协调推进经济体制、文化体制、社会体制、生态文明体制等改革。“顶层设计”一词首次出现在中共中央关于“十二五”规划的建议中。十八届三中全会公报强调“坚持政府处理改革、发展和稳定的关系，胆子要大、步子要稳，加强顶层设计和摸着石头过河相结合，整体推进和重点突破相促进，提高改革决策科学性，广泛凝聚共识，形成改革合力”。同时，十八届三中全会决定成立全面深化改革领导小组体现了对“顶层设计”的重视。“四个全面”战略布局，“五位一体”总体局部，“伟大斗争，伟大工程，伟大事业，伟大梦想”，以及提出“推动形成以国内大循环为主体、国内国际双循环相互促进的新发展格局”，都是“顶层设计”在指导经济工作、引领经济发展的应用。

经济发展的新方略之二：坚持全面改革和全面开放。党的十一届三中全会确立了解放思想、实事求是、团结一致向前的思想路线，决定进行改革开放。从此，对外开放成为我国的一项基本国策，这也是中国历史上第一次用“主动开放”代替“被动开放”。改革开放是一场新的伟大革命。坚持全面深化改革，坚持全面开放，坚持用科学的方法推进改革开放，这是习近平新时代中国特色社会主义经济思想的重要内容。特别值得关注的是，“以开放促改革促发展”构成了习近平新时代中国特色社会主义经济思想的时代特色。习近平总书记早年是这样论述开放的，他指出，“‘开放’，就是全球意识、世界胸襟，就是海纳百川、兼容并蓄，以我为主，为我所用。‘开放’，就要进一步树立开放理念和兼容胸怀。要在高度的自省中虚心汲取全人类创造的一切文明成果，使我们的思想观念、生活习惯、行为方式和精神素质不断适应开放的世界和全球化竞争的需要”[1]。党的十八大以来，“推动一带一路”与“构建人类命运共同体”，体现了开放性与全球性是习近平新时代中国特色社会主义经济思想的时代特质。习近平总书记强调：“中国开放的大门不会关闭，只会越开越大。中国推动更高水平开放的脚步不会停滞！中国推动建设开放型世界经济的脚步不会停滞！中国推动构建人类命运共同体的脚步不会停滞！”[2]

习近平新时代中国特色社会主义经济思想是在新时代我国经济社会处于“两个大局”的历史巨变中形成的，具有鲜明的实践性、开放性、逻辑性，提出了许多新的创新性理论观点，科学回答了新时代中国特色社会主义经济发展的时代背景、发展目标、发展理念、发展方略等一系列重大问题，极大地丰富和发展了当代中国马克思主义政治经济学、中国特色社会主义政治经济学。习近平总书记特别强调要发展中国学派经济学，这为构建新时代中国特色社会主义经济学理论体系、21 世纪马克思主义政治经济学的发展指明了前进方向。

---

① 习近平：《与时俱进的浙江精神》，《哲学研究》，2006 年第 4 期。

② 习近平：《论坚持全面深化改革》，中央文献出版社，2018，第 495 页。

【习言习语】

马克思主义政治经济学要有生命力，就必须与时俱进。实践是理论的源泉。我们用几十年的时间走完了发达国家几百年走过的发展历程，我国经济发展进程波澜壮阔、成就举世瞩目，蕴藏着理论创造的巨大动力、活力、潜力。当前，世界经济和我国经济都面临许多新的重大课题，需要作出科学的理论回答。我们要立足我国国情和我们的发展实践，深入研究世界经济和我国经济面临的新情况新问题，揭示新特点新规律，提炼和总结我国经济发展实践的规律性成果，把实践经验上升为系统化的经济学说，不断开拓当代中国马克思主义政治经济学新境界，为马克思主义政治经济学创新发展贡献中国智慧。

——2015 年 11 月 23 日，习近平总书记在中共十八届中央政治局第二十八次集体学习时的讲话

【深度思考】

如何理解习近平经济思想的核心要义？

【延伸阅读】

习近平：《不断开拓当代中国马克思主义政治经济学新境界》（2015 年 11 月 23 日），《求是》2020 年第 16 期。

9. 如何理解习近平法治思想的核心要义？

【学“习”问道】

全面依法治国是中国特色社会主义的本质要求和重要保障，坚持全面依法治国是习近平新时代中国特色社会主义思想的基本方略之一。党的十八大以来，围绕如何在新时代推进我国法治建设，形成了习近平法治思想。那么，作为当前推进我国法治建设的根本遵循和行动指南，该如何理解习近平法治思想的核心要义呢？

2020 年 11 月，我们党召开了历史上首次中央全面依法治国工作会议，明确提出了习近平法治思想的概念，并将习近平法治思想明确为全面依法治国的指导思想。这次会议强调：“习近平法治思想内涵丰富、论述深刻、逻辑严密、系统完备，从历史和现实相贯通、国际和国内相关联、理论和实际相结合上深刻回答了新时代为什么实行全面依法治国、怎样实行全面依法治国等一系列重大问题。习近平法治思想是顺应实现中华民族伟大复兴时代要求应运而生的重大理论创新成果，是马克思主义法治理论中国化最新成果，是习近平新时代中国特色社会主义思想的重要组成部分，是全面依法治国的根本遵循和行动指南。全党全国要认真学习领会习近平法治思想，吃透基本精神，把握核心要义，明确工作要求，切实把习近平法治思想贯彻落实到全面依法治国全过程。”[①] 习近平法治思想的核心要义，就体现在全面依法治国的政治方向、工作布局、主要任务和基础保障这几个方面。

一、全面依法治国的政治方向

旗帜鲜明讲政治是马克思主义政党的根本要求，领会习近平法治思想的核心要义，首先要领会的是全面依法治国的政治方向，这主要包括三个方面：坚持党对全面依法治国的领导，坚持以人民为中心，坚持中国特色社会主义法治道路。

第一，坚持党对全面依法治国的领导。党政军民学，东西南北中，党是领导一切的。法治工作也不例外，党的领导是推进全面依法治国的根本保证。只有在中国共产党的领导下，全面依法治国才不会出现方向上的偏差。一方面，我们要确保法治建设能够体现党的主张，保障党的路线方针顺利实施。另一方面，我们也要增强法治思维，提高党的依法执政能力，健全党领导全面依法治国的制度和工作机制，推进党的领导制度化、法治化。

第二，坚持以人民为中心。法律具有鲜明的阶级属性，归根到底体现的是统治阶级的利益。在当代中国，人民是国家的主人，我国是人民当家作主的社会主义国家，任何一部法律都应该反映

---

① 习近平：《坚定不移走中国特色社会主义法治道路　为全面建设社会主义现代化国家提供有力法治保障》，《人民日报》2020 年 11 月 18 日第 1 版。

人民意愿、维护人民利益。习近平总书记强调："全面依法治国最广泛、最深厚的基础是人民，必须坚持为了人民、依靠人民。要把体现人民利益、反映人民愿望、维护人民权益、增进人民福祉落实到全面依法治国各领域全过程。"① 如果离开了以人民为中心，那么依法治国的立场就发生了动摇，价值就发生了改变，必然导致严重的后果。

第三，坚持中国特色社会主义法治道路。中国特色社会主义法治道路本质上是中国特色社会主义道路在法治领域的具体体现。坚持中国特色社会主义道路，是我们改革开放以来取得重要成就和进步的根本原因之一，只有中国特色社会主义才能发展中国。在法治建设领域，我们必须旗帜鲜明地走中国特色社会主义法治道路，既立足当前又着眼长远，既传承中华优秀传统法律文化，又借鉴国外法治有益成果，探索出适合我们自身实际的法治道路。

二、全面依法治国的工作布局

第一，建设中国特色社会主义法治体系。习近平总书记指出："全面推进依法治国涉及很多方面，在实际工作中必须有一个总揽全局、牵引各方的总抓手，这个总抓手就是建设中国特色社会主义法治体系。"② 中国特色社会主义法治体系主要包括法律规范

① 习近平：《坚定不移走中国特色社会主义法治道路　为全面建设社会主义现代化国家提供有力法治保障》，《人民日报》2020 年 11 月 18 日第 1 版。

② 习近平：《关于〈中共中央关于全面推进依法治国若干重大问题的决定〉的说明》（2014 年 10 月 20 日），《中国共产党第十八届中央委员会第四次全体会议文件汇编》，人民出版社，2014，第 81 页。

体系、法治实施体系、法治监督体系、法治保障体系和党内法规体系。我们要以这五个体系为重点，坚持问题意识，持续补短板、强弱项，增强法律法规的及时性、系统性、针对性、有效性，积极推进依宪治国、依宪执政，加强法律对权力运行的制约和监督，完善法治保障条件，推动依法治国与依规治党的有机统一。

第二，坚持依法治国、依法执政、依法行政共同推进，法治国家、法治政府、法治社会一体建设。全面依法治国是一项系统工程，我们要用系统思维把握全面依法治国的工作布局，做好整体谋划，注重系统性、整体性、协同性。依法治国是我们治理国家的基本方略，依法执政是党治国理政的基本方式，依法行政是行政机关履行政府职能、管理经济社会事务的主要方式，三者本质一致、目标一致、成效相关，必须相互配合、共同推进、形成合力。法治国家是法治建设的目标，法治政府是建设法治国家的主体，法治社会是构筑法治国家的基础，三者相辅相成又各有侧重，我们要通过率先突破法治政府建设，带动法治国家和法治社会的建设进程。

三、全面依法治国的主要任务

第一，坚持在法治轨道上推进国家治理体系和治理能力现代化。实现国家治理体系和治理能力现代化是现代国家发展的必然要求，是我们建设社会主义现代化国家的必然要求，也是我们全面深化改革的总目标之一。法治是国家治理体系和治理能力的重要依托，只有全面依法治国才能有效保障国家治理体系的系统性、规范性、协调性，进而最大程度凝聚社会共识。我们要在推进国家治理体系和治理能力现代化的进程中注重法治建设，靠法治建设保障国家治理体系和治理能力现代化的实现，通过改革不适应实践发展要求的体制机制、法律法规，构建新的体制机制、法律法规，使各项治理制度规范化、法治化、程序化。

第二，全面推进科学立法、严格执法、公正司法、全民守法。科学立法是法治建设的重要前提，严格执法是法律落实的关键环节，公正司法是维护社会公平正义的最后一道防线，全民守法是法律发挥作用的社会基础。推进我国法治建设，就要在这“十六字方针”的指导下，明确每一环节的任务要求，聚焦重点领域，解决好突出矛盾和问题，进一步提升立法、执法、司法、守法的质量和水平。

第三，统筹推进国内法治和涉外法治。各国由于国情不同、立场不同、文化传统不同，在法治建设领域存在着诸多的差异。但是按照法治的方式进行国际交往、处理问题争端，是国际通行的做法，也是世界各国人民的共识。我们既要大力推进国内法治，同时还要关注涉外法治。要加快涉外法治工作战略布局，协调推进国内治理和国际治理，更好维护国家主权、安全、发展利益，学会运用法治方式应对国际风险挑战。同时积极参与国际法治建设进程，推动全球治理变革，推动构建人类命运共同体。

四、全面依法治国的基础保障

第一，建设德才兼备的高素质法治工作队伍。任何一项工作都要靠人来推动和落实，德才兼备的高素质法治工作队伍，是我们实现全面依法治国目标的基础保障。我们要加强理想信念教育，深入开展社会主义核心价值观和社会主义法治理念教育，推进法治专门队伍革命化、正规化、专业化、职业化，确保做到忠于党、忠于国家、忠于人民、忠于法律。要教育引导法律服务工作者坚持正确政治方向，依法依规诚信执业，认真履行社会责任。

第二，抓住领导干部这个“关键少数”。我们党领导立法、保证执法、支持司法、带头守法，主要是通过各级领导干部的具体行动和工作来实现的，领导干部带头实现尊崇法治、敬畏法律、遵纪守法、依法办事，对于我们推进全面依法治国具有重要作用。各级领导干部要不断提高运用法治思维和法治方式深化改革、推动发展、化解矛盾、维护稳定、应对风险的能力，做尊法学法守法用法的模范。要以实际行动带动全社会弘扬社会主义法治精神，建设社会主义法治文化，不断增强人民群众对法律的拥护和信仰，推动全社会形成良好法治氛围。

【习言习语】

全面依法治国是中国特色社会主义的本质要求和重要保障。必须把党的领导贯彻落实到依法治国全过程和各方面，坚定不移走中国特色社会主义法治道路，完善以宪法为核心的中国特色社会主义法律体系，建设中国特色社会主义法治体系，建设社会主义法治国家，发展中国特色社会主义法治理论，坚持依法治国、依法执政、依法行政共同推进，坚持法治国家、法治政府、法治社会一体建设，坚持依法治国和以德治国相结合，依法治国和依规治党有机统一，深化司法体制改革，提高全民族法治素养和道德素质。

——2017 年 10 月 18 日，习近平总书记在中国共产党第十九次全国代表大会上的报告

【深度思考】

如何理解习近平法治思想的核心要义？

【延伸阅读】

习近平：《坚持走中国特色社会主义法治道路　更好推进中国特色社会主义法治体系建设》（2021 年 12 月 6 日），《求是》2022 年第 4 期。

10. 如何理解习近平生态文明思想的核心要义？

【学“习”问道】

习近平生态文明思想是习近平新时代中国特色社会主义思想的重要组成部分，是新时代关于生态文明的马克思主义中国化最新成果。全面准确地理解和认识习近平生态文明思想有助于从整体上把握习近平新时代中国特色社会主义思想，推进绿色发展，建设美丽中国。那么，我们该如何正确理解习近平生态文明思想的核心要义？

党的十八大以来，习近平总书记就生态文明建设发表了一系列重要讲话，阐释了生态文明建设的科学内涵和核心理念。2018年5月18日全国生态环境保护大会正式确立了习近平生态文明思想，这是党的重大理论和实践创新成果，是习近平新时代中国特色社会主义思想的重要组成部分，为推进美丽中国建设、实现人与自然和谐共生的现代化提供了方向指引和根本遵循。习近平生态文明思想的本质要求是正确处理人与自然的关系问题，核心要义是人与自然和谐共生，强调人与自然是一个生命共同体，我们要坚决摒弃以牺牲生态环境去换取经济增长的片面做法，树立尊重自然、顺应自然、保护自然的生态文明理念，遵循“万物各得其和以生，各得其养以成”的生态价值观，在此基础上为人的发展和社会进步不断提供丰富的物质基础。

一、环境就是民生的民生政绩观

任何理论的提出都有着明确的价值取向。良好的生态环境已经成为人民群众最关心、最普惠的民生福祉。民有所呼，党有所应，满足人民群众对生态环保的诉求已经成为新时代我党执政的重要使命。“良好生态环境是最普惠的民生福祉。”在全国生态环境保护大会上，习近平总书记讲话中时时处处体现以人民为中心的生态环保价值，强调要把解决突出生态环境问题作为民生优先领域。

良好的生态环境是最公平的公共产品，是最普惠的民生福祉。我国也曾经走过重发展而轻污染的道路，在发展与污染中徘徊了很多年。造成环境污染的固然有群众环保意识淡薄、绿色生活习惯尚未形成等原因，但是归根结底，还是因为重经济发展轻环境保护，重开发资源轻科学统筹规划。面对日益严重的环境问题，我们应把它上升到民生的高度去认识、去重视、去治理。温饱问题解决以后，保护生态环境就应该而且必须成为发展的题中应有之义，这也是改善民生的重要着力点。

保持良好的生态环境是最普惠的民生福祉原则，是习近平生态文明思想最大的亮点，也是中国生态文明建设的初衷和归宿。推进生态文明建设必须坚持生态惠民、生态利民、生态为民，重点解决损害群众健康的突出环境问题，不断满足人民日益增长的优美生态环境需要。

二、人与自然和谐共生的生态自然观

习近平生态文明思想的理论源泉之一就是中国传统文化。古代中国是以农业文明为主导的国家，在很大程度上靠天吃饭曾经是不可抗拒的自然规律和生存法则，所以在中国的传统文化中，尊重自然、顺应自然、利用自然的“天人合一”思想源远流长。《道德经》第二十五章指出：“故道大，天大，地大，人亦大。域中有四大，而人居其一焉。人法地，地法天，天法道，道法自然。”天有天道，地有地道，人亦有人道。天道主动，地道主静；天道主生，地道主养。而人居天地之间，参天地之化育，凡事要法天象地。天地人三才，各行其道，各安其位，各正其命，各司其职，阴阳交互，则万物生焉。这就是人要在遵循自然规律的前提下，充分发挥自己的主观能动性，这既是人之本分，也是人之意义，这就是“天人合一”思想，最本质的精神就是善待自然、顺应自然。习近平总书记继承了中国传统文化中人与自然和谐共生的思想理念，提出了“生态兴则文明兴，生态衰则文明衰”这一重要论断，揭示了生态与文明的内在关系，更把生态保护的重要性提升到了关系国家和民族命运的高度。

习近平总书记在全国生态环境保护大会上特别提到都江堰这一人类顺应自然的杰作。中国古代秦国蜀郡太守李冰，因天时，就地利，在修筑都江堰时依当时岷江水流的特点，在岷江的中心修建分水鱼嘴，将岷江水一分为二，同时修建飞沙堰，调节内江水量，保证内江灌溉区的安全，使我们历经沧海桑田依然能够看到今天的“天府之国”。正是我们的先人顺应了自然，才成功地解决了当时的水患问题，不仅如此，他还巧妙地运用自然的力量，富养了成都平原的一方百姓，使得都江堰这一人类顺应自然的伟大杰作，在2000多年后依然与人类琴瑟和谐，发挥作用。而与之形成鲜明对比的是湮灭在人类历史长河中曾经辉煌的文明，如古希腊、小亚细亚地区的文明，古埃及、古巴比伦文明，以及中国古丝绸之路上的楼兰文明等，由于毁林开荒、乱砍滥伐，生态环境遭到严重破坏。恩格斯曾经说过，人之所以能比其他生物强是因为人类能够认识和运用自然规律。因此，顺应自然是尊重自然的必然结果和具体体现，也是人与自然和谐共生、保护自然的有效途径和重要内容。

二、绿水青山就是金山银山的经济发展观

生态文明建设关系到中国经济社会发展的命脉，我国现阶段的发展，以破坏生态环境为代价的经济增长方式很显然是不可取的。只有在充分考虑维护生态系统平衡的前提下促进经济发展，我们才能在守住“绿水青山”的同时，拥有“金山银山”，拥有经济社会的持续发展。“金山银山”虽然是我们所渴求的，但远远不及“绿水青山”为我们带来的长远的福祉。

习近平总书记将“绿水青山就是金山银山”列为中国新时代生态文明建设的重要原则之一，将“绿水青山就是金山银山”的

理念贯穿于经济、政治、文化、法治建设的方方面面，坚持推进，走出一条经济发展和生态文明水平提高相辅相成、相得益彰的路子。习近平总书记强调贯彻创新、协调、绿色、开放、共享的发展理念，加快形成节约资源和保护环境的空间格局、产业结构、生产方式、生活方式。按照人口资源环境相均衡、经济社会生态效益相统一的原则，整体谋划国土空间开发，统筹人口分布、经济布局、国土利用、生态环境保护，科学分布生产空间、生活空间、生态空间，给自然留下更多修复空间；通过推进绿色发展生活方式，建立节约资源、保护环境的绿色生产和绿色生活方式；通过深化供给侧结构性改革，淘汰落后过剩产能，通过培育壮大节能环保产业、清洁生产产业、清洁能源产业，实现产业升级，建立适合绿色发展的产业结构。

让绿水青山充分发挥经济社会效益，关键是要树立正确的发展思路，因地制宜选择好发展的产业。绿水青山和金山银山绝不是对立的。只有充分考虑到生态环境的承受能力，才能保持两者的协调发展关系，保持经济的持续发展。我们决不能以牺牲环境、浪费资源为代价换取经济增长，不能在问题发生之后再以更大的代价去弥补，而是要让经济发展和生态文明相辅相成、相得益彰，让良好环境成为人民生活质量的增长点，让绿水青山变为金山银山。

四、山水林田湖草是一个生命共同体的生态系统观

习近平总书记提出：“山水林田湖是一个生命共同体，人的命

脉在田，田的命脉在水，水的命脉在山，山的命脉在土，土的命脉在树。”2017年又把“草”作为一个要素加了进去，因为草地占我国陆地面积的41.6%。习近平总书记的“山水林田湖草”环境保护系统观，基于自然界的各种要素是相互联系、相互影响形成的一个整体，要求我们在认识和处理这些问题时，一定要有系统思维，一定要树立大局观、整体观、长远观来解决这些问题。

习近平总书记指出，如果破坏了山、砍光了林，也就破坏了水，山就变成了秃山，水就变成了洪水，泥沙俱下，地就变成了没有养分的不毛之地，水土流失，沟壑纵横。人类在这样的自然环境下，怎么能正常生存下去呢？所以人和自然是一个生命共同体，如果我们只看到眼前的利益而忽视对自然环境的保护，那么人类的实践活动终将影响人类的命运。

我们以前对环境问题的治理是从各个职能部门的角度处理，一直也没有处理好，就是缺乏系统思维。习近平总书记提出自然保护的系统观，增强了保护的整体性、协同性，大大提升了人类保护自然行动的效率和效果。山水林田湖草是一个生命共同体，人的命脉在田，田的命脉在水，水的命脉在山，山的命脉在土，土的命脉在林草。人和自然是相互依存、相互影响的。

人和自然的辩证关系始终是马克思主义生态文明思想的核心问题，而如何缓解人与自然的矛盾关系，建立人与自然和谐统一的关系，是中国生态文明建设亟须解决的最基本问题。习近平生态文明思想对我国生态文明给予了科学论证和准确定位，并做了详细阐述。习近平生态文明思想的提出、形成和发展，正是建立在充分认识中国当代生态实际的基础上，以马克思主义生态文明思想为指导方针，构建的具有中国特色的社会主义生态文明理论体系，从而实现人与自然、人与人以及我国经济与社会、生态与发展等各个系统间的和谐永续发展。

【习言习语】

我们要建设的现代化是人与自然和谐共生的现代化，既要创造更多物质财富和精神财富以满足人民日益增长的美好生活需要，也要提供更多优质生态产品以满足人民日益增长的优美生态环境需要。必须坚持节约优先、保护优先、自然恢复为主的方针，形成节约资源和保护环境的空间格局、产业结构、生产方式、生活方式，还自然以宁静、和谐、美丽。

——2017 年 10 月 18 日，习近平总书记在中国共产党第十九次全国代表大会上的报告

【深度思考】

如何理解习近平生态文明思想的核心要义？

【延伸阅读】

习近平：《推动我国生态文明建设迈上新台阶》（2018 年 5 月 18 日），《求是》2019 年第 3 期。

11. 如何理解习近平强军思想的核心要义?

【学“习”问道】

党的十九大将习近平强军思想写入党章，确立了这一思想在国防和军队建设中的指导地位。习近平强军思想是把握时代大势、运筹强国强军的战略擘画，是植根实践沃土、破解强军难题的锐利武器，是揭示战争规律、富于军事智慧的精神瑰宝，是新时代我们党在军事领域最宝贵的精神财富。那么，我们应该如何理解习近平强军思想的核心要义?

党的十八大以来，习近平总书记高度重视国防和军队建设，在指导建设强军事业的伟大实践中形成了具有鲜明时代特征的习近平强军思想。党的十九大将习近平强军思想写入党章，在国防和军队建设中确立了这一思想的指导地位。习近平强军思想揭示了强军制胜的根本规律，是引导强军事业发展进步的科学指南。习近平强军思想的核心要义可以用“十个明确”加以概括。按照思想的层次结构和内容的内在逻辑，“十个明确”又可以归纳为三个方面：习近平强军思想的使命目标、方略布局和方法策略。这三个方面之间具有逻辑递进的关系，体现了习近平强军思想的完整性与科学性。

一、习近平强军思想的使命目标

理念是行动的先导。习近平强军思想的使命目标从思想内涵层面回答了建设一支什么样的强大的人民军队的问题。这是习近平强军思想的顶层设计，对习近平强军思想的战略方针和方法策略具有约束与引领作用。

强军使命——明确强国必须强军。习近平总书记曾指出："军事上的落后一旦形成，对国家安全的影响将是致命的。"中国在近代遭受了沉重的打击。当时，由于军事力量薄弱，武器装备落后，中国在帝国主义的坚船利炮前不堪一击，成为受人欺凌的半殖民地半封建国家，面临着亡国灭种的危险。历史经验表明，国防力量的薄弱和军队实力的不足，会导致国家缺乏实力维护自身安全而变得动荡不安，最终走向衰落。进入新时代，中国迎来了从站起来、富起来到强起来的伟大飞跃，但仍然面临着异常严峻的阻力和挑战。对此，习近平总书记强调："强国必须强军，军强才能国安。"坚持和发展中国特色社会主义，实现中华民族的伟大复兴，必须以巩固的国防和强大的人民军队为战略保障，确保国防和军队现代化进程同国家现代化进程相适应，确保军事能力同国家战略需求相适应。

强军目标——明确建立一支听党指挥、能打胜仗、作风优良的人民军队。习近平总书记在党的十九大报告中明确提出："党在新时代的强军目标是建设一支听党指挥、能打胜仗、作风优良的人民军队，把人民军队建设成为世界一流军队。"其中，听党指挥决定着军队建设的政治方向，必须毫不动摇地坚持“党对军队的绝对领导”这一根本原则和基本制度；能打胜仗是有效履行我军职能使命的根本保证，只有能打仗、打胜仗的人民军队才能有效地维护社会稳定、保障国家安全，这是党领导下的人民军队的基本要求；作风优良是发挥军队战斗力的基础，“作风优良才能塑造英雄部队，作风松散可以搞垮常胜之师”。强军目标为我国的国防和军队建设注入了新的时代内涵，是实现“两个一百年”奋斗目标、实现中华民族伟大复兴的战略支撑。

二、习近平强军思想的方略布局

习近平强军思想的方略布局从战略规划层面回答了如何建设一支强大的人民军队的问题，深刻地阐释了国防和军队建设中的带有根本性、方向性、全局性的重大问题，为新时代推进和加快国防和军队现代化提出了明确的行动纲领和主攻方向。

强军之魂——明确党对军队的绝对领导。当前，我国面对的国内与国际形势复杂多变，意识形态领域的渗透与反渗透斗争更加激烈，这就要求我军必须保持高度警惕，高度重视政治工作，强化对党的绝对忠诚意识，筑牢思想之坝。习近平总书记曾多次强调：“党对军队的绝对领导，是我军的军魂和命根子，永远不能变，永远不能丢。”坚持党对军队的绝对领导，是我军从小到大、从弱到强、不断走向胜利的根本政治保障，也是我军最大的政治优势。我军长期的实践经验反复证明，越是在任务艰巨、矛盾问题突出的情况下，越要坚持党的绝对领导地位，这是我军战胜强大敌人、克服艰难险阻的不竭动力，也是中国人民军队的本色与作用所在。进入新时代，站在强国强军的新的历史起点上，立足大国军队向强国军队的跃升阶段，我们更要深化军魂教育，强化党对军队的绝对领导，确保军队的绝对忠诚、绝对纯洁、绝对可靠。

强军之要——明确军队是要准备打仗的。对于强军而言，能打仗、打胜仗是硬道理。毛泽东同志《论持久战》的伟大之处在于，把全国人民的思想从“亡国论”“速胜论”中拯救出来，使人们树立起敢打必胜的信念，朝着打胜仗的目标勇往直前。但是，在当今和平年代，“和平病”“两个能力不够”“训风演风考风”等矛盾和问题时有出现。在这一背景下，培养我军敢打必胜的信念，全面提高新时代备战打仗的能力显得尤为重要。习近平总书记强调：“要强化战斗队思想，坚持战斗力这个唯一的根本的标准，各项工作和建设、各方面力量和资源都要聚焦军事斗争准备、服务军事斗争准备，推动军事斗争准备工作有一个很大加强。”这就要求我军必须把能打仗、打胜仗认真彻底地贯彻到军事斗争准备和军队建设实践中去，培养有效塑造态势、管控危机、遏制战争和打赢战争的能力。

强军之基——明确作风优良是我军的鲜明特色和政治优势。优良的作风就是战斗力和制胜力，其对于军队的发展壮大有着积极的激励和促进作用。历史实践证明，善于将优良的作风升华为广大官兵共同的价值追求，并应用于治军的全过程，这对于凝聚军心士气具有重大作用。优良的作风形成不易，弘扬保持更加困难。对此，习近平总书记强调："我军要强起来，作风必须过硬，否则就容易垮掉。"这就要求我军必须将作风建设长期、反复地抓下去，对腐败要零容忍，坚持有腐必反，有案必查；要下功夫解决"四风"方面的突出问题，解决发生在士兵身边的不正之风；要把官兵关系、兵兵关系突出出来，进一步纯洁内部关系，进而激励我军在新时代不断地发扬优良作风，持续营造新风正气，永葆人民军队的性质、宗旨和本色。

强军布局——明确政治建军、改革强军、科技强军、人才强军、依法治军。党的十八大以来，人民军队逐渐在实践中形成了政治建军、改革强军、科技强军、人才强军、依法治军的强军战略布局。"十四五"规划明确了军队全面建设的发展要求："贯彻习近平强军思想，贯彻新时代军事战略方针，坚持党对人民军队的绝对领导，坚持政治建军、改革强军、科技强军、人才强军、依法治军，加快机械化信息化智能化融合发展，全面加强练兵备战，提高捍卫国家主权、安全、发展利益的战略能力，确保2027年实现建军百年奋斗目标。"我军要深刻理解这些重大战略布局的长远考量，主动适应新形势、构建新格局、塑造新能力，确保各项战略规划能够全面落实，全面提高我军的革命化、现代化、正规化水平，推动中国特色社会主义强军事业不断迈向新的台阶。

三、习近平强军思想的方法策略

强军梦的实现离不开科学的方法策略的引领。习近平强军思想的方法策略从行动纲领层面回答了如何建设一支强大的人民军队的问题，这对我军开启强军兴军新征程、朝着实现强军目标砥砺前行具有重要的推动作用。

强军关键——明确改革是强军的必由之路。人民军队 90 多年来的成长历程就是一部改革史。从土地革命战争时期创立一整套建军原则制度，到抗日战争时期实行精兵简政，到解放战争时期组建五大野战军，到新中国成立后多次调整体制编制，人民军队在中国共产党的领导下，边战斗边改革，边建设边改革，越改革战斗力越强。历史经验表明，以改革求强盛是人民军队不断发展壮大的关键举措。对此，习近平总书记强调："历史告诉我们，改革创新、与时俱进，是人民军队不断发展的康庄大道，人民军队的力量来自改革创新，人民军队的胜利来自改革创新。只有不断改革创新，才能不断获得发展进步的生机活力，才能永远立于不败之地。"当前，实现强军目标，建设世界一流军队，必须继续深化国防和军队改革，推进军队组织形态现代化，推进军事管理革命，构建中国特色现代军事力量体系，不断完善中国特色社会主义军事制度。

强军动力——明确创新是引领发展的第一动力。当今世界，军事高新技术的竞争尤为激烈。西方军事强国不惜花费巨资，集中科技优势，大力研发科技含量高的武器装备，竞相增强军事技术自主创新能力。对此，习近平总书记强调："我们要在激烈的国际军事竞争中掌握主动，就必须大力推进科技进步和创新，大幅提高国防科技自主创新能力。"我们应当认识到，科技创新是转变军队战斗力生成模式的重要引擎，是抢占军队现代化制高点的根本举措，是在世界军事变革中拥有话语权、掌握主动权的重中之重。我们必须坚定不移地实施创新驱动发展战略，坚持向科技创新要战斗力，瞄准世界军事科技前沿，统筹推进军事理论、技术、组织、管理、文化等各方面的创新，加强军事人才培养体系建设，建设创新型人民军队。

强军保障——明确依法治军是实现军队现代化的重要保障。注重法治的重要作用是我军建军以来的优良传统。早在1929年古田会议上，毛泽东同志就明确提出“编制红军法规”的任务，他领导制定了“三大纪律八项注意”和我军最早的一批军事法规，并严格按其规定执行。进入新时代，为应对我军面临的内外形势和使命任务的深刻变化，习近平总书记强调，要“全面从严治军，推动治军方式根本性转变，提高国防和军队建设法治化水平”。这就要求我军必须构建包括军事法规制度体系、军事法治实施体系、军事法治监督体系和军事法治保障体系在内的中国特色军事法治体系，推动治军方式的根本性转变，提高国防和军队建设法治化水平，深入推进依法治军、从严治军的进程。这不仅是实现强军目标的保证，也是深化国防和军队改革的需要，更是全面推进依法治国的内在要求。

强军路径——明确军民融合发展是兴国之举、强军之策。党的十八大以来，以习近平同志为核心的党中央在分析研读国家安全和发展战略的基础上，将军民融合发展上升为国家战略，纳入党和国家事业发展全局总体设计、统筹推进。党的十九大报告强调：“形成军民融合深度发展格局，构建一体化的国家战略体系和能力。”贯彻落实这一精神，就要求我们必须深刻认识到国防和军队建设是全党全军全国各族人民的共同事业，是实现强国梦、强军梦的必由之路；就要求我们必须坚持发展和安全兼顾、富国和强军统一，“增强使命感和责任感，真抓实干，紧抓快干，不断开创新时代军民融合深度发展新局面”。

【习言习语】

中国特色社会主义进入了新时代，国防和军队建设也进入了新时代。人民军队要不忘初心、牢记使命，认真学习贯彻党的十九大精神，深入学习贯彻新时代党的强军思想，坚定不移走中国特色强军之路，全面推进国防和军队现代化，为实现党在新时代的强军目标、到本世纪中叶把人民军队全面建成世界一流军队、实现中华民族伟大复兴的中国梦而努力奋斗。

——2017 年 10 月 26 日，习近平总书记在军队领导干部会议上的讲话

【深度思考】

如何理解习近平强军思想的核心要义？

【延伸阅读】

习近平:《加强党史军史和光荣传统教育　确保官兵永远听党话、跟党走》,《求是》2021 年第 15 期。

12. 如何理解习近平外交思想的核心要义？

【学“习”问道】

随着经济全球化、世界多极化、文化多样化等全球发展新趋势的不断深化，中国外交进入了亟须相应调整的新时期。在对当前国际形势和我国当前发展阶段、国际地位等作出科学判断的基础上，习近平总书记提出了我国在新时期的外交战略，并建立起了习近平新时代外交思想。那么，应当如何理解习近平外交思想的核心要义呢？

坚持和平发展道路和构建人类命运共同体是习近平外交思想的两个重要组成部分，体现了习近平总书记在新时期对中国特色大国外交的总体布局。

习近平外交思想的形成，与新时期国际形势的特征有着紧密的联系。一方面，在新时期，国际形势的主题仍然是和平与发展，且这一主题正随着世界多极化和经济全球化等的深入发展而越发鲜明地凸显出来。虽然这一主题在第二次世界大战之后并未发生根本变化，与邓小平在20世纪70年代的有关论断亦无根本差异，但其具体表现却发生了重要改变。另一方面，在和平与发展依然是国际形势的主题的同时，国际形势中的不确定性、不稳定性因素依然存在，世界的持久和平与发展仍需要全人类的共同努力。

在以和平与发展为主题，又兼有种种危机与挑战的国际形势之下，显然唯有坚持独立自主的和平外交政策，才能够使我国的外交工作既可以适应世界发展的主旋律，又可以拥有充分的自主权、主动权来应对国际形势中的种种不利因素。正是认识到了这一点在新时期依然是成立的，习近平总书记才提出在新时期仍要坚持独立自主的和平外交政策。

在党的十八大胜利召开后不久，习近平总书记提出了实现中华民族伟大复兴的中国梦这一奋斗目标。这一目标的实现显然需要以独立自主的和平外交政策作为前提条件。在一个经济全球化、文化多样化、世界多极化的国际环境下，中华民族的伟大复兴不可能在中国内部孤立地完成，而必须与世界上的其他国家进行广泛而深入的交往，这种交往需以正确的外交政策为指引。我国的外交政策之所以以独立自主与和平为导向，正是因为只有在这种导向下的国际交往，才能够为中华民族的伟大复兴提供和平发展的环境，使我国在国际交往中、在面对民族复兴过程中的根本利益问题时，能够掌握充分的主动权。

坚持独立自主的和平外交政策，是由我国的社会主义性质和当前阶段所处的国际地位决定的。社会主义性质决定了我国的外交政策不能仅仅以本国利益为价值导向，还要兼顾世界上其他国家的利益；不能与其他国家进行零和博弈，而要与它们展开互利共赢的国际交往与合作。当前阶段所处的国际地位决定了我国既肩负着为第三世界发展中国家谋利益的大国责任与担当，又在发展过程中面临着世界上一些资本主义国家的阻挠与围堵。唯有坚持独立自主的外交政策，我国才可能在应对国际环境中种种不利因素的同时兼顾到自身的国际义务。

在坚持独立自主的和平外交政策的基础上，习近平总书记提出了在新时期应当推进新型国际关系的建立。新型国际关系之“新”，主要体现在国与国在新型国际关系下能够相互尊重、合作共赢，并通过共同努力实现世界范围内的公平与正义。各国之间相互尊重是实现国际社会公平正义的前提，也是建立新型国际关系的前提。世界上的各主权国家，无论其领土大小和国力强弱，都应得到国际社会的尊重，各国在相互尊重的前提下展开外交活动和参与国际事务。合作共赢是建立新型国际关系的重要方式，唯有破除通过零和博弈实现单赢的旧思维，寻求用合作的方式将不同国家的利益结合起来进行统筹考量，扩大各国之间的共同利益，才能使国与国之间在交流与合作中走向共赢。实现公平正义是建立新型国际关系的价值诉求，也是国与国之间相互尊重、合作共赢的必然结果。“得道多助，失道寡助”，正是因为建立新型国际关系是以实现全世界范围内的公平正义为最终价值目标，这一新理念、新思想才越发得到国际社会的广泛认同。

建立新型国际关系在强调适应时代发展需要的同时，也强调继续坚持我国在外交工作中的一贯主张，即坚决维护联合国宪章、维护联合国及其安理会、不干涉别国内政、尊重他国主权与领土完整等。此外，构建新型国际关系也不能以牺牲本国核心利益为代价，不能妨害到我国的国家安全、领土完整和发展利益。与之相应的，在构建新型国际关系时，不应以牺牲他国利益为代价来实现自身的发展。

习近平总书记指出，推动建立新型国际关系，我国要重点发展与大国、邻国和发展中国家的友好关系，并积极参与到全球治理体系的改革与建设当中去。在我国与世界上其他大国的关系中，重点推动建立与俄罗斯的全面战略协作伙伴关系、与欧盟的伙伴关系，不断推动中美关系的稳步发展。坚持以邻为伴、与邻为善，不断深化与周边邻国的关系，在发展自身的同时使本国的发展成果能够惠及周边邻国，实现本国与周边邻国的共同发展。此外，还要将不断巩固与广大发展中国家的关系作为我国外交政策的重要基石，与发展中国家团结合作，维护好发展中国家在国际事务中的总体利益，寻求共同发展之路。在全球治理体系改革与建设过程中的大国责任与担当方面，习近平总书记认为我国应秉持共商共建共享的全球治理观，积极倡导并践行多边主义，参与到全球多边事务之中。具体而言，我国应支持好二十国集团、上海合作组织、亚太经合组织等继续在国际事务中发挥积极影响，致力于维护好联合国在国际事务中的重要地位。

推动构建人类命运共同体，是习近平外交思想的另一个重要组成部分。2012 年召开的党的十八大明确提出“要倡导人类命运共同体意识，在追求本国利益时兼顾他国合理关切，在谋求本国发展中促进各国共同发展，建立更加平等均衡的新型全球发展伙伴关系，同舟共济，权责共担，增进人类共同利益”。在出席博鳌亚洲论坛 2015 年年会时，习近平总书记发出了“通过迈向亚洲命运共同体，推动建设人类命运共同体”的倡议。同年9月，在出席第七十届联合国大会一般性辩论时，习近平总书记再次倡议：“当今世界，各国相互依存、休戚与共。我们要继承和弘扬联合国宪章的宗旨和原则，构建以合作共赢为核心的新型国际关系，打造人类命运共同体。”习近平总书记高度重视构建人类命运共同体对于当今世界的重要意义，构建人类命运共同体正是他为世界未来发展方向给出的中国方案。

构建人类命运共同体，就是要构建一个在经济上共同繁荣、在政治上平等协商、在文化上相互尊重、在生态上清洁美丽、在安全上化解争端的世界。经济上的共同繁荣，需要世界各国在制定适合本国国情的经济发展战略的同时，共同营造并改善国际经济发展环境，加强全球范围内的经济治理与宏观经济调控。政治上的平等协商，需要世界各国摒弃冷战思维与单边主义，尊重他国核心利益，与他国共同构建合作共赢的新型国际关系。文化上的相互尊重，需要世界各国在弘扬与发展本国文化的同时，超越彼此文化上的差异、隔阂与冲突，积极开展与他国的文化交流，力争做到和而不同、兼容并蓄。生态上的清洁美丽，需要世界各国尊重自然、保护自然，建立绿色、可持续的科学发展之路，与世界上其他国家共同应对全球气候变化，保护好人类的生态家园。安全上的化解争端，需要世界各国以对话协商的方式应对分歧，尊重他国的安全利益与安全关切，树立起合作互助的新安全观，共同维护世界和平。习近平总书记提出的构建人类命运共同体思想顺应了历史发展的客观规律，符合时代的发展要求，对当今中国与世界的发展具有重要意义。

“一带一路”建设是习近平总书记构建人类命运共同体思想的具体体现和关键一步，反映了他对世界未来发展方式的科学构想与远见卓识。2013 年，习近平总书记在访问中亚和东南亚国家期间，先后提出了建设“丝绸之路经济带”和“21 世纪海上丝绸之路”的倡议，这标志着习近平“一带一路”构想的初步形成。习近平总书记指出，以“一带一路”建设为契机，开展跨国互联互通，提高贸易和投资合作水平，推动国际产能和装备制造合作，本质上是通过提高有效供给来催生新的需求，实现世界经济再平衡。由此可见，习近平总书记是基于对当前国际经济形势的深刻洞察与科学判断提出的“一带一路”构想，建设“一带一路”本身并非最终意义，而是将其作为实现全球范围内更大程度的互联互通、构建人类命运共同体的重要契机。自习近平总书记提出“一带一路”倡议以来，世界上的多数国家和许多重要的国际组织已经积极投入“一带一路”建设之中，相关建设成果颇为丰富。这些丰硕的成果表明，“一带一路”倡议顺应时代潮流，顺应发展规律，符合各国人民利益，具有广阔前景。

在世界处于大发展大变革大调整的新时期，习近平总书记提出，我国应坚持和平发展道路，坚持独立自主的和平外交政策，倡议国际社会构建新型国际关系与人类命运共同体，共建“一带一路”。这些在新时期提出的外交思想无不对我国的外交事业有着深远影响与重大贡献，也无不体现习近平总书记对于新时期外交问题的远见卓识与广阔胸襟。

【习言习语】

在长期实践中，我们提出和坚持了和平共处五项原则，确立和奉行了独立自主的和平外交政策，向世界作出了永远不称霸、永远不搞扩张的庄严承诺，强调中国始终是维护世界和平的坚定力量。这些我们必须始终不渝坚持下去，永远不能动摇。

——2013 年 1 月 28 日，习近平总书记在十八届中共中央政治局第三次集体学习时的讲话

【深度思考】

如何理解习近平外交思想的核心要义？

【延伸阅读】

习近平：《文明交流互鉴是推动人类文明进步和世界和平发展的重要动力》，《求是》2019 年第 9 期。

13. 如何理解战略思维、历史思维、辩证思维、系统思维、创新思维、法治思维、底线思维之间的关系？

【学“习”问道】

习近平总书记强调，中国这样的大国一刻也不能缺少科学理论思维能力。从三大思维到七大思维，科学思维的内涵与外延不断扩展。如何理解习近平总书记提出的战略思维、历史思维、辩证思维、系统思维、创新思维、法治思维、底线思维之间的关系？

习近平总书记指出：“领导干部要加强理论修养，深入学习马克思主义基本理论，学懂弄通做实新时代中国特色社会主义思想，掌握贯穿其中的辩证唯物主义的世界观和方法论，提高战略思维、历史思维、辩证思维、创新思维、法治思维、底线思维能力，善于从纷繁复杂的矛盾中把握规律，不断积累经验，增长才干。”从思维与存在的关系出发，习近平总书记提出的七大思维是“有的放矢”，是扎根在实践土地之上的花朵，是从实践活动与历史规律中总结出来的科学思维方法。七大思维侧重点不同，但究其本质，是马克思主义唯物辩证法在实践中的运用，都是辩证的思维方式，都是新时代党中央治国理政的实践逻辑。如果说习近平总书记的工作方法体现了马克思主义的实践性，那么七大思维的思维方法就体现了马克思主义的辩证思维，是分析问题和解决问题的根本方法。

战略思维与统揽全局。习近平总书记指出："战略问题是一个政党、一个国家的根本性问题。战略上判断得准确，战略上谋划得科学，战略上赢得主动，党和人民事业就大有希望。""战略思维能力，就是高瞻远瞩、统揽全局，善于把握事物发展总体趋势和方向的能力。"从习近平总书记的话语中，我们可以得出战略思维就是辩证思维。为什么这么说？《荀子·王霸》有云："故明主好要而暗主好详。主好要则百事详，主好详则百事荒。"这话旨在说明处理问题时只有统揽大局、掌握重点，才能处理好问题，而不是眉毛胡子一把抓。战略思维正是从实际出发，正确处理全局与局部、未来与现实的关系，并抓住主要矛盾制定相应规划，以实现全局性、长远性目标。以全局和局部、重点和非重点、当前和长远为对象的战略思维本身就是辩证思维。战略思维不仅可以帮助我们看清历史发展的规律，而且有利于我们掌握现象和本质、特殊和普遍的辩证关系。战略思维还必须进行战略的权变，并不是我们制定一个战略就一劳永逸了，要随着问题的变化、条件的变化、形势的变化随时调整战略。总之无论何时都要具体地分析具体问题，这就是按照唯物辩证法的逻辑去思考问题、作出决策。

历史思维与鉴古知今。习近平总书记指出："人事有代谢，往来成古今。历史研究是一切社会科学的基础，承担着'究天人之际，通古今之变’的使命。世界的今天是从世界的昨天发展而来的。”历史思维就是辩证思维在时间方面的体现。不同的时代有不同的时代特征、不同的历史条件，我们必须以往事为“明镜”知晓当下的处境，汲取历史智慧，站在历史长河上理解事物发展规律，掌握进步旋律，照亮改革之路。要领悟好、实践好历史思维，我们就要自觉按照历史规律和历史发展的辩证法办事。当前中国特色社会主义事业取得的伟大成就，不是中华传统文化与马克思主义经典作家思想的随意拼接，不是生搬硬套其他国家社会主义实践的套路，更不是国外现代化发展的翻版，而是符合历史规律与历史发展的中国特色社会主义道路。马克思主义告诉我们，事物发展的总趋势是前进的，而道路是曲折的；任何事物的发展都是前进性和曲折性的统一。中国革命和建设就经历了这样一个曲折的、螺旋上升的过程。所以，历史思维要求我们深刻认识中国特色社会主义从哪里来到哪里去，要求我们必须汲取中华上下五千年文明的智慧经验。尊重历史，绝不能割断历史，但是这种尊重是尊重科学的历史，是尊重历史辩证法的发展。

辩证思维与统筹兼顾。辩证思维就是按照唯物辩证法的逻辑思考问题。辩证法的逻辑强调肯定的理解中包含否定的理解，应承认矛盾、分析矛盾进而解决矛盾。马克思主义的辩证思维在本质上就是唯物辩证的思维方法，它既区别于形而上学的思维方法，又区别于唯心辩证法的思维方法，它致力于在矛盾双方的对立统一过程中把握事物发展的基本规律，进而推动事物本身的发展。这种辩证思维方法具有客观性、联系性、发展性、全面性和系统性的特点。辩证思维要求我们既要注重全局，又要兼顾局部；既要立足当下，又要放眼长远；既要注重“两点论”，又要着眼“重点论”。习近平总书记指出：“学习掌握唯物辩证法的根本方法，不断增强辩证思维能力，提高驾驭复杂局面、处理复杂问题的本领。‘事必有法，然后可成。’我们的事业越是向纵深发展，就越要不断增强辩证思维能力。当前，我国社会各种利益关系十分复杂，这就要求我们善于处理局部和全局、当前和长远、重点和非重点的关系，在权衡利弊中趋利避害、作出最为有利的战略抉择。”这段话深刻指出了增强辩证思维、提高统筹兼顾能力的重要意义，而要提高辩证思维能力，根本在于不断接受马克思主义哲学智慧的滋养。总结起来，辩证思维就是实事求是，就是批判性思维，就是分析事物的条件以及如何应对条件和应用条件。

系统思维与顶层设计。系统思维是辩证思维最直接的体现。系统思维把对象当作各部分相互联系的有机系统，在动态中探索和把握系统的整体与部分、部分与部分之间的相互关系与变化规律，以达到实现整体目标最优的实践效果。习近平总书记指出：“改革开放是一个系统工程，必须坚持全面改革，在各项改革协同配合中推进。改革开放是一场深刻而全面的社会变革，既包括经济体制又包括政治体制、文化体制、社会体制、生态体制，既涉及生产力又涉及生产关系，既涉及经济基础又涉及上层建筑，每一项改革都会对其他改革产生重要影响，每一项改革又都需要其他改革协同配合。随着改革开放不断深入，改革开放的关联性和互动性明显增强，这就要求我们更加注重各项改革的相互促进、良性互动。”所以，系统思维就是要求我们坚持全面地而不是片面地、联系地而不是孤立地、发展地而不是静止地观察事物、分析问题、解决问题，科学统筹改革发展规划，协同配合各项工作，准确把握社会发展趋势，将中国特色社会主义建设推向前进。《孙子兵法·用间篇》讲道：“明君贤将，所以动而胜人，成功出于众者，先知也。”这句话旨在说明作战的人如果能够对战争的发展及时进行系统分析，辩证看待，则更易于取胜。系统思维就是要求我们必须要对改革和发展这一复杂系统中的各要素进行周密考察，注重系统内部的结构性、有序性和协同性，充分发挥各要素的协同作用，使整个系统处于最佳状态、发挥最大功能。

创新思维与守正创新。创新思维就是辩证思维革命性的体现。习近平总书记指出：“创新思维能力，就是破除迷信、超越陈规，善于因时制宜、知难而进、开拓创新的能力。”马克思主义坚持革命的辩证法，富于批判性、革命性和创造性，具有与时俱进的理论品格。马克思主义反对把一切事物看成凝固不变的形而上学的观点，主张不但要解释世界，更要改造世界。这从根本上就破除了因循守旧、思想僵化、形式主义和无所作为。因而要求人们转变思维习惯，突破思维定式，在把握事物发展客观规律的基础上实现变革和创新。创新思维应用在实践中，就是创新活动，就是不断开拓事物边界的实践。唯物辩证法认为，世界是永恒发展的，发展是过程的集合体，是前进性的运动。发展是一切事物和现象的根本法则，与时俱进和创新是一切进步事物和现象所具有的内在品质，更是马克思主义的本质要求。“明者因时而变，知者随事而制”，创新是一个民族进步的灵魂，是一个国家兴旺发达的不竭动力，也是中华民族最深沉的民族禀赋。从“周虽旧邦，其命维新”到商鞅变法、胡服骑射，中华民族从不欠缺开拓进取的创新精神与能力。善于创新是中国共产党的优良传统。创新思维是马克思主义立场、观点、方法的具体运用，又体现了唯物辩证法的逻辑，它具有革命性，又具有进步性。

法治思维与依法执政。法治思维是唯物辩证法应用在实践中的思维方式，也是运用具化的思维方法将治国理政科学化的重要手段。习近平总书记指出：“各级领导干部要提高运用法治思维和法治方式深化改革、推动发展、化解矛盾、维护稳定能力，努力推动形成办事依法、遇事找法、解决问题用法、化解矛盾靠法的良好法治环境，在法治轨道上推动各项工作。”中国作为发展中的大国，其实现现代化的过程是充满复杂性与艰巨性的，为此，保证决策的科学正确更应放在首位。要实现法治思维、法治方式，就需要将所有治国理政的举动措施，在从决策到落实再到评价检验的全周期体系中，均以法治的方式进行，摒弃任何方面的一言堂，个人局限造成的缺陷和错误都要尽量克服，保证决策程序依法完成、决策过程民主科学，保障决策的科学性和政策的精准落实。法治思维正是辩证思维在探究现代化建设和国家治理问题上运用的思维方式。

底线思维与知危图安。底线思维要求我们基于客观现实，对概率事件做最坏打算，正确运用战略思维方法，力求达到更好的实施效果。底线思维要求我们面对问题时永远要一分为二地看待，既要看到国际国内形势中有利的一面，也要看到不利的一面，从坏处想，做最充分的准备，争取最好的结果。在顺利的时候要有忧患意识，在困境的时候也要看到希望。所以说底线思维也是辩证思维的具体体现。习近平总书记数次强调要坚持底线思维，他告诫全党时刻牢记“安而不忘危，存而不忘亡，治而不忘乱”。底线思维要求我们始终保持忧患意识，扎实提升防控能力，对可能出现的重大风险进行有效的防范化解，同时，时刻保持高度警惕，既要警惕“黑天鹅”事件，也要防范“灰犀牛”事件。不仅要在防范风险时未雨绸缪，而且要有应对和破解挑战的制胜一招，“备豫不虞，为国常道”就是这个道理。坚守底线思维，我们必须保有战略定力，对眼前的困难和挑战有清晰正确的态度和认知，对形势作出科学敏锐的洞察和研判，在辩证地把握好大变局中的变与不变、风险与机遇的基础上，主动作为，化危为机，转危为安，牢牢把握战略主动权和重要发展机遇期。

习近平总书记提出的七大思维，本质上都是哲学思维，都是以唯物辩证法为基础的；就像其具有实践性的理论品格一样，其思维方式具有深刻的唯物辩证法的基础。有了对这样的理论品格的把握，有这样的马克思主义立场、观点、方法的运用，我们才有可能掌握科学的思想方法。

【习言习语】

领导干部要加强理论修养，深入学习马克思主义基本理论，学懂弄通做实新时代中国特色社会主义思想，掌握贯穿其中的辩证唯物主义的世界观和方法论，提高战略思维、历史思维、辩证思维、创新思维、法治思维、底线思维能力，善于从纷繁复杂的矛盾中把握规律，不断积累经验，增长才干。

——2019 年 1 月 21 日，习近平总书记在省部级领导干部坚持底线思维着力防范化解重大风险专题研讨班开班式上的讲话

【深度思考】

如何理解战略思维、历史思维、辩证思维、系统思维、创新思维、法治思维、底线思维之间的关系？

【延伸阅读】

习近平：《坚持底线思维，着力防范化解重大风险》（2019 年 1 月 21 日），载《习近平谈治国理政》第三卷，外文出版社，2020，第 219—224 页。

14. “四个全面”战略布局和“五位一体”总体布局是什么关系？

【学“习”问道】

总体上看，“四个全面”战略布局与“五位一体”总体布局均是立足中国实际、总结中国经验、针对中国问题的重要战略部署和顶层设计，反映着中国特色社会主义现代化道路和现代化建设目标。二者为何先后单独提出？二者之间是否存有边界？应该如何认识二者的关系？

党的工作战略布局问题始终是我们党治国理政的一个重大的理论和实践问题。十八大以来，新一届中央领导集体作出了“四个全面”战略布局与“五位一体”总体布局。二者都有着丰富的内涵，并且向对方延伸，从而决定了在一些领域和内容上的交叉。看待二者的关系时，必须辩证理解与认识二者是如何交相辉映于中国特色社会主义伟大事业之中的。总的来看，二者存在根本上的思想一致性，也存在着理论的差异性，也正是差异决定了区分战略布局与总体布局的必要性、重要性。

“四个全面”战略布局和“五位一体”总体全局在实现“两个一百年”奋斗目标上具有一致性。从“五位一体”总体布局看，

“两个一百年”奋斗目标的新要求，覆盖了经济建设、政治建设、文化建设、社会建设、生态文明建设五大系统，是根据中国特色社会主义事业“五位一体”总体布局而制定的，集中精力着重解决全面建成小康社会和全面建设社会主义现代化国家进程中出现的不平衡、不协调、不可持续的突出问题，符合中国特色社会主义全面发展的内在要求。所以，“五位一体”总体布局是推进“两个一百年”奋斗目标的客观需要，也是实现“两个一百年”奋斗目标的行动纲领和路径选择。从“四个全面”战略布局看，全面建设社会主义现代化国家是我们的战略目标，全面深化改革、全面依法治国、全面从严治党是三大战略举措。其中，三大战略举措支撑着全面建设社会主义现代化国家这一战略目标的实现，四者统一于推进中国特色社会主义伟大事业的实践进程中。在某种意义上，“四个全面”战略布局所设定的时空主题或定位目标就是要实现“两个一百年”奋斗目标。由此看，全面建设社会主义现代化国家是两个“布局”确立的，在实现中华民族伟大复兴中国梦路线图上具有承上启下意义的重要里程碑。站在历史与未来的交汇点上可以看出，从“五位一体”到“四个全面”，中国特色社会主义事业围绕“建成什么样的社会主义现代化国家和怎样建成社会主义现代化国家”奋斗目标，实现了现代化理论的逻辑演进和跨越，它们都是实现“国家富强、民族振兴、人民幸福”复兴伟业战略的路线图的重要组成部分，也都是读懂中国故事、读懂中国精神、读懂中国复兴的重要窗口。

无论是“五位一体”总体布局还是“四个全面”战略布局，

二者都立足于中国实际，都坚持、丰富和发展了中国特色社会主义的理论和实践，为实现“两个一百年”奋斗目标提供战略支撑。两个“布局”之间是辩证统一关系，既有联系，也有区别。如何区分“两个布局”？二者的差异主要表现在以下几个方面：

从历史任务上看，二者分别属于不同领域的范畴，具有不同内涵和功能。从建设中国特色社会主义这一语境看，“五位一体”是中国特色社会主义事业的“总布局”，它与社会主义初级阶段的“总依据”以及实现社会主义现代化和中华民族伟大复兴的“总任务”具有逻辑上的并列关系。这是我们党对社会主义建设规律在实践和认识上不断深化的重要成果。“四个全面”战略布局是习近平总书记从坚持和发展中国特色社会主义全局出发，对新常态下治国理政作出的新战略思考，提出的新战略要求，制定的新战略部署，为实现“两个一百年”奋斗目标提供了理论指导和实践指南。从战略维度审视，“四个全面”表征为“战略布局”，是因为我们党担负着团结带领人民全面建成小康社会、推进社会主义现代化、实现中华民族伟大复兴的重任。为了完成“三大历史重任”，执政党必须运筹帷幄、顶层设计、调研考察、具体谋划。“四个全面”无论从逻辑还是从实践看，就像一个战略抓手，是实现中华民族伟大复兴中国梦的战略指引。

从时间维度看，“五位一体”总体布局将贯穿于整个社会主义历史时代。不仅实现“两个一百年”奋斗目标需要进行这五大建设，在实现这一目标之后仍要进行五大建设；不仅在社会主义初级阶段，而且在将来社会主义较高阶段，还要继续进行这五大建设。也就是说，按“五位一体”总体布局搞中国特色社会主义，是一个永恒的历史课题。但是，“四个全面”战略布局的核心是全面建设社会主义现代化国家这一战略目标，具有明确的时限。其他三个“全面”作为战略举措是服从和服务于这一战略目标的。在这个意义上，相对于“五位一体”总体布局来说，“四个全面”战略布局是在一个较为短暂的历史时段中的战略布局。不过在实现战略目标之后，另外三个“全面”的问题依然存在，只是那时在新的历史条件下必将提出新的任务和要求。在这个意义上，其他三个“全面”也具有长期性和永恒性，它们只有进行时没有完成时。

从内涵维度看，“五位一体”总体布局的方向性质和目标任务涵盖着“四个全面”战略布局，做到“四个全面”战略布局是实现“五位一体”总体布局的内在要求。“五位一体”总体布局是一个漫长的历史过程，包含了“两个一百年”奋斗目标这个比较特定时段的建设任务，二者是一种整个历史时代与一个特定历史时段的关系。“五位一体”总体布局还包含了“四个全面”中的三大战略举措，因为五大建设中的每个建设，都离不开全面深化改革、全面依法治国和全面从严治党；反过来说，全面深化改革、全面依法治国、全面从严治党三大战略举措，归根到底也都是为了更好地推进五大建设，服从和服务于整个中国特色社会主义事业。它们之间是一种互动的而不是单向的关系。

从发展轨迹看，二者的生成路径存在差异。“五位一体”总体布局的生成路径更多地反映执政党治国理政的执政理念和思维方式的演变历程。中国特色社会主义事业总体布局从“两位一体”到“三位一体”，从“三位一体”到“四位一体”，再从“四位一体”到“五位一体”，经历了一个不断探索、不断创新、日趋完善的过程，是我们党执政为民理念发展与丰富的具体表现。这是我们党在改革开放生动实践中，对中国特色社会主义事业科学内涵的认识不断深化的历史和现实逻辑的必然。“四个全面”战略布局的提出是对党的基本路线的进一步拓展和深化。十八大以来，新一届中央围绕着如何接续书写中国特色社会主义这样“一篇大文章”，始终把“中国人民富裕起来、国家强盛起来、中华民族复兴起来”作为最高历史使命。问题是时代的声音，是前行的导向。政党政治演变逻辑已经显示，我们党领导人民干革命、搞建设、抓改革，从来都是为了解决中国的现实问题。应当说，“四个全面”战略布局是为更好地坚持和发展中国特色社会主义的主题而作出的重大战略决断，是对党的基本路线内涵和理论的开拓与创新。

从布局本身看，二者的着眼点不同。“五位一体”总体布局的重点在“一体”，“四个全面”战略布局的核心是“全面”。如果以现代化范式演进看待“五位一体”总体布局，那么落实这一布局无疑需要“五个建设”都朝着“以人为本”的方向协调“一体”推进，而不能相互矛盾。它们是相互联系、相互制约、相辅相成的有机统一整体，“五位”中的每一“位”都有其不同的地位和作用。同时，“五位”又互为条件，互相促进，成为“一体”。“五位一体”的真正内涵是在把握全局的基础上，着重抓好重点领域、重点部位、关键环节和薄弱环节，防止系统失衡，实现系统的和谐运行和资源的合理配置。习近平总书记强调，贯彻落实“五位一体”总体布局，“必须更加注重改革的系统性、整体性、协同性，统筹推进重要领域和关键环节改革”。“四个全面”战略布局的核心要义在于“全面”，即全面的思路和举措。

真正做到整体上把握“四个全面”战略布局，关键是要理解其中的聚焦点、着力点与落脚点，应集中于“全面”二字。“全面”不仅要求战略目标与战略举措的系统性与广泛性，而且要突出实施战略举措的力度与深刻性。以前的改革之所以不全面，很大一个原因就是对于改革的一些核心性难题没有触及或触及不深，硬骨头啃不动，改革从而有盲区、有遗漏，无法有效全面推进。所以，强调“全面”也意味着当前的改革发展要敢于啃硬骨头，敢于涉险滩，要具有真正的强度与韧劲。“四个全面”战略布局的创新内核在于全面性，亦即真理性。人们认识事物总是从片面到全面。实现“全面”，是一个践行真理的过程。我们向全面迈进一步，就是向真理靠近一步。中国道路实践说明，全面性既是历史经验，更是指导原则，又是发展路径。

【习言习语】

“四个全面”的战略布局是从我国发展现实需要中得出来的，从人民群众的热切期待中得出来的，也是为推动解决我们面临的突出矛盾和问题提出来的。

——2015 年 2 月 11 日，习近平总书记在同党外人士共迎新春时的讲话

【深度思考】

“四个全面”战略布局和“五位一体”总体布局是什么关系?

【延伸阅读】

习近平:《在庆祝中国共产党成立100周年大会上的讲话》,《求是》2021年第14期。

15. 全面建成社会主义现代化强国就是实现中华民族伟大复兴了吗？

【学“习”问道】

党的二十大报告中指出：“从现在起，中国共产党的中心任务就是团结带领全国各族人民全面建成社会主义现代化强国、实现第二个百年奋斗目标，以中国式现代化全面推进中华民族伟大复兴。”对于中国社会来说，一方面提出分两步走全面建成社会主义现代化强国，另一方面又提出要实现中华民族伟大复兴。那么，这是否意味着建成社会主义现代化强国就是实现了中华民族伟大复兴呢？

全面建成社会主义现代化强国与实现中华民族伟大复兴既有区别又有联系，两者相辅相成、有机统一。全面建成社会主义现代化强国是推进中华民族伟大复兴的重要战略举措，是民族复兴的重要组成部分，实现中华民族伟大复兴离不开全面建成社会主义现代化强国。同时，全面建成社会主义现代化强国又不完全等于实现中华民族伟大复兴。只有正确认识两者的关系，才能更好地领会和落实中国特色社会主义总任务，推进社会主义现代化强国建设，实现中华民族伟大复兴。

一方面，全面建成社会主义现代化强国与实现中华民族伟大复兴两者在本质上是一致的。两者体现着共同的目标和追求，即实现国家富强、民族振兴、人民幸福。两者具有共同的实现路径，即中国特色社会主义道路。历史和现实都表明，全面建成社会主义现代化强国和实现中华民族伟大复兴的正确道路是中国特色社会主义道路，两者有着共同的领导力量，即中国共产党。中国共产党肩负着实现中华民族伟大复兴的历史使命，离开中国共产党的领导，就不可能全面建成社会主义现代化强国和实现中华民族伟大复兴。全面建成社会主义现代化强国和实现中华民族伟大复兴有着共同的战略步骤。从“三步走”发展战略，到“两个一百年”奋斗目标，再到分两步走建成社会主义现代化强国，清晰地展现了全面建成社会主义现代化强国和实现中华民族伟大复兴的轨迹。

全面建成社会主义现代化强国和实现中华民族伟大复兴，具有深厚的历史渊源。实现社会主义现代化是近代以来中国人民梦寐以求的夙愿，实现中华民族伟大复兴是近代以来中华民族最伟大的梦想。建设社会主义现代化强国，实现中华民族伟大复兴，是中华民族的最高利益和根本利益。我们党领导中国人民进行的一切奋斗，归根到底都是为了实现这一伟大目标。中国共产党自成立以来，为实现民族独立、人民解放、国家富强、人民幸福而不懈奋斗，建立了人民当家作主的新社会，确立了符合实际的先进制度，彻底结束了旧中国四分五裂、一盘散沙的局面，改变了中华民族的命运。新时代中国特色社会主义总任务是近代以来中国人民争取民族独立、实现国家富强的继承和发展，是新中国成立以来社会主义建设事业的继承和发展，既体现了中国人民的理想，也反映了先人们不懈追求进步的光荣传统。

全面建成社会主义现代化强国和实现中华民族伟大复兴，具有广泛的现实基础。经过改革开放40多年的发展，我国经济社会各方面取得了历史性成就，人们的生产生活有了巨大的变化。党的十八大以来，国内生产总值从五十四万亿元增长到一百一十四万亿元，我国经济总量占世界经济的比重达百分之十八点五，提高七点二个百分点，稳居世界第二位；人均国内生产总值从三万九千八百元增加到八万一千元。谷物总产量稳居世界首位，十四亿多人的粮食安全、能源安全得到有效保障。城镇化率提高十一点六个百分点，达到百分之六十四点七。制造业规模、外汇储备稳居世界第一。建成世界最大的高速铁路网、高速公路网，机场港口、水利、能源、信息等基础设施建设取得重大成就。我们加快推进科技自立自强，全社会研发经费支出从一万亿元增加到二万八千亿元，居世界第二位，研发人员总量居世界首位。基础研究和原始创新不断加强，一些关键核心技术实现突破，战略性新兴产业发展壮大，载人航天、探月探火、深海深地探测、超级计算机、卫星导航、量子信息、核电技术、新能源技术、大飞机制造、生物医药等取得重大成果，进入创新型国家行列。这些成就表明，我国社会生产力总体水平显著提高，社会生产能力在很多方面进入世界前列。

全面建成社会主义现代化强国和实现中华民族伟大复兴，具有美好的发展前景。毛泽东曾提出“要使中国变成富强的国家，需要五十到一百年的时光”，“至于建设强大的社会主义经济，在中国，五十年不行，会要一百年，或者更多的时间”。改革开放后，我们党延续100年时间的设想来制定任务、谋划工作。可以说，21世纪中叶承载了一代又一代中国人的美好期待，这个时间点对中华民族、对科学社会主义、对中国人民来说具有特殊意义。从现在到2050年还有20多年时间，现阶段提出实现社会主义现代化和中华民族伟大复兴的总任务，既十分必要，也非常及时。这一总任务昭示着国家富强、民族振兴、人民幸福的美好前景，展现了中国共产党不忘初心、牢记使命的责任担当，彰显了中国特色社会主义道路自信、理论自信、制度自信、文化自信，必将激励全党全国各族人民奋勇前进。

另一方面，全面建成社会主义现代化强国与实现中华民族伟大复兴两者间存在一定区别。从内涵的角度看，“现代化”一词本身含义非常丰富，是相对于落后、传统而言的，具有进步、先进、发达的意思。在政治话语中，现代化是指欠发达国家赶超世界先进水平的过程。全面建成社会主义现代化强国，就是要把我国建设成为富强、民主、文明、和谐、美丽的社会主义现代化强国。实现中华民族伟大复兴离不开社会主义现代化，但是实现社会主义现代化又不完全等于实现中华民族伟大复兴，实现中华民族伟大复兴有着更为广泛的内涵和要求。从参照体系看，全面建成社会主义现代化强国是相对于世界先进水平而言的，中华民族复兴是相对于中华民族曾经的辉煌和近代的苦难而言的。只有创造过辉煌历史的民族，才会对复兴有强烈的共鸣；只有经历过深重苦难的民族，才会对复兴抱有深切的渴望。

全面建成社会主义现代化强国是实现中华民族伟大复兴的新征程和重要里程碑。紧紧抓住中国特色社会主义总任务，在总任务的牵引下，划分出若干环环相扣、层层递进的阶段，按照阶段性目标倒推每个时间节点必须完成的具体任务，稳扎稳打向前走，在不断达成阶段性目标的基础上完成总任务，这是中国共产党治国理政的智慧和优势。站在历史新的更高起点上，以习近平同志为核心的党中央综合分析国际国内形势和我国发展条件，对新时代推进社会主义现代化建设作出新的顶层设计，提出从 2020 年到本世纪中叶，在全面建成小康社会的基础上，分两步走，全面建成社会主义现代化强国。从全面建成小康社会到基本实现社会主义现代化，再到全面建成社会主义现代化强国，是新时代中国特色社会主义发展的战略安排。新时代“两步走”战略安排，把基本实现现代化的时间提前了 15 年，提出了全面建成社会主义现代化强国这一更高目标，丰富了“两个一百年”奋斗目标的内涵，发出了实现中华民族伟大复兴中国梦的最强音。

实现中华民族伟大复兴是全面建成社会主义现代化强国目标得以实现的精神引领。我们党在不同历史时期，根据人民意愿和事业发展需要，提出富有感召力的奋斗目标，团结带领人民为之奋斗，这是中国共产党的一个重要政治领导艺术。新中国的成立，彻底改变了近代以后 100 多年中国积贫积弱、受人欺凌的悲惨命运，中华民族走上了实现伟大复兴的宽阔道路；社会主义基本制度的确立，奠定了当代中国一切发展进步、稳步走向民族复兴的根本政治前提和制度基础；改革开放是实现中华民族伟大复兴的关键一招，使中国大踏步赶上了时代，实现了中华民族从站起来到富起来的伟大飞跃，使中华民族以昂扬姿态屹立于世界民族之林，中华民族伟大复兴的基础更加坚实；新时代的辉煌成就使中华民族伟大复兴向前迈出了新的一大步，意味着近代以来久经磨难的中华民族迎来了从站起来、富起来到强起来的伟大飞跃，迎来了实现中华民族伟大复兴的光明前景。中国特色社会主义战略安排，既表明我国的雄心壮志，也表明社会主义现代化和中华民族伟大复兴不是轻轻松松就能实现的，需要发扬实干精神，积小胜为大胜，确保总任务如期完成。中华民族伟大复兴的中国梦成为凝聚国人价值共识，积聚奋斗力量，推进中国特色社会主义现代化强国建设的重要的精神引领，不断鼓舞斗志，赓续奋斗。正如习近平总书记在庆祝改革开放40周年大会上指出："建成社会主义现代化强国，实现中华民族伟大复兴，是一场接力跑，我们要一棒接着一棒跑下去，每一代人都要为下一代人跑出一个好成绩。"这指引着中华民族奋斗的方向。置身于新时代，作为民族复兴的强大生力军，每个人都有责任投入到新时代改革开放的历史潮流中，用双手点亮历史星空，用实干成就出彩人生。实现中华民族伟大复兴的中国梦，熔铸了几代人的青春、热血与奋斗，历史的接力棒现传到了新时代新青年手中。接好新时代改革开放这关键一棒，为一个又一个更加壮阔的40年日迈月征、奋斗不息，就一定能在代代接力中实现中华民族伟大复兴。

【习言习语】

改革开放是党和人民大踏步赶上时代的重要法宝，是坚持和发展中国特色社会主义的必由之路，是决定当代中国命运的关键一招，也是决定实现“两个一百年”奋斗目标、实现中华民族伟大复兴的关键一招。

——2018 年 12 月 18 日，习近平总书记在庆祝改革开放 40 周年大会上的讲话

【深度思考】

全面建成社会主义现代化强国就是实现中华民族伟大复兴了吗?

【延伸阅读】

习近平:《深入学习坚决贯彻党的十九届五中全会精神 确保全面建设社会主义现代化国家开好局》,《人民日报》2021 年 1 月 12 日第 1 版。

16. 为什么必须以中国式现代化全面推进中华民族伟大复兴？

【学“习”问道】

实现中华民族伟大复兴，是中华民族近代以来最伟大的梦想。为了实现这一伟大梦想，伟大的中国人民苦苦追寻、不懈探索、接续奋斗。在新中国成立特别是改革开放以来长期探索和实践的基础上，经过十八大以来在理论和实践上的创新突破，我们党成功推进和拓展了中国式现代化。党的二十大报告指出：“从现在起，中国共产党的中心任务就是团结带领全国各族人民全面建成社会主义现代化强国、实现第二个百年奋斗目标，以中国式现代化全面推进中华民族伟大复兴。”那么，为什么必须以中国式现代化实现中华民族伟大复兴？

中国式现代化，是中国共产党领导的社会主义现代化，既有各国现代化的共同特征，更有基于自己国情的中国特色。实现中华民族伟大复兴必须坚定不移走中国式现代化之路，这一科学论断具有深刻的理论逻辑。

世界上既不存在定于一尊的现代化模式，也不存在放之四海而皆准的现代化标准。每个国家必须根据自己的国情选择适合自己的现代化道路。

按照唯物辩证法，普遍性寓于特殊性之中，特殊性中蕴含着普遍性，不能用普遍性排斥特殊性，也不能用特殊性排斥普遍性，二者统一于事物发展的全过程。毛泽东在《矛盾论》中指出“矛盾的普遍性和矛盾的特殊性的关系，就是矛盾的共性和个性的关系”，并在分析二者辩证关系后强调，这是“关于事物矛盾的问题的精髓，不懂得它，就等于抛弃了辩证法”。人类社会发展具有普遍的规律性，同时由于每个国家和民族的历史文化传统、所处历史方位、面临的具体问题不同，发展的具体形式和具体道路又具有多样性。

现代化是发轫于西方的近代以来人类文明进程，西方发达国家具有更加丰富的现代化经验，但是这并不能说明他们走过的道路对于现代化建设就具有永恒的真理价值和普遍适用的绝对真理性。作为人类现代化实践的概括和总结，西方现代化的经验蕴含着现代化的一般规律，可以为后发国家实现现代化提供非常重要的经验借鉴。然而，这些经验都是别人的经验或者是过去的经验，都是在一定的具体条件和历史条件下的经验，是相对的而不是绝对的。随着客观形势和条件的变化，过去的经验也可能随之失去其适用性。别人的经验对我们不一定有效，过去的经验对现在也不一定有效，现在有效的经验并不意味着将来还仍然有效。一旦把过去的经验或者别人的经验模式化，不顾具体条件不同而一味地照抄照搬，就必然陷入经验主义的泥潭。如果不顾条件的差异，盲目照搬别人的经验，就很有可能使自己的事业陷入歧途。所以说，西方现代化模式并不是解决所有民族和国家现代化问题的普遍有效的灵丹妙药，也不是照葫芦画瓢就能真正管用的，搞不好就会画虎不成反类犬，酿成现代化建设失败的深刻教训。

何况西方的现代化模式也并不是十全十美的，反而危机重重甚至积重难返。正如马克思早就向我们揭示的那样，资本主义自我调整和扩张的过程不仅是各种矛盾和困境丛生的过程，也是逐渐丧失其生命力的过程。肇始于西方的资本主导下的工业化和现代化在创造了丰富的物质财富的同时，也拉大了贫富差距，引发了环境问题，失落了精神家园。由于受资本逻辑的统治和支配，西方的现代化在工具理性的道路上越走越远，不仅没有给人们带来普遍的幸福，反而带来各种各样的陷阱和各种各样的赤字，越来越多的人陷入了虚无主义。

事实证明，人类历史上没有一个民族、一个国家可以通过依赖外部力量、照搬外国模式、跟在他人后面亦步亦趋就能实现强大和振兴。从现代化道路的生成规律来看，虽然不同的民族和国家在谋求现代化的征程中存在着共性，但各个民族和国家存在着诸多差异，在道路选择上也必定存在诸多差异。正如习近平总书记所指出的：“世界上没有放之四海而皆准的具体发展模式，也没有一成不变的发展道路。历史条件的多样性，决定了各国选择发展道路的多样性。”

我们党成功推进和拓展了中国式现代化，为全面建成社会主义现代化强国、全面推进中华民族伟大复兴确定了光明大道，创造了人类文明新形态。

中国特色社会主义是党和人民历经千辛万苦、付出巨大代价取得的根本成就，是实现中华民族伟大复兴的正确道路。中国共产党人坚持守正创新，坚持科学社会主义基本原则同本国具体实际、历史文化传统、时代要求紧密结合，坚持问题导向，成功找到了一条适合中国国情的社会主义现代化道路，破解了落后国家如何建设社会主义的难题，推动党和国家事业取得历史性成就、发生历史性变革，科学社会主义在二十一世纪的中国焕发出新的蓬勃生机。我们坚持和发展中国特色社会主义，推动物质文明、政治文明、精神文明、社会文明、生态文明协调发展，开辟了一条与西方资本主义现代化不同的新道路，创造了人类文明新形态。

我们坚持人民至上，依靠人民开辟了促进全体人民共同富裕的现代化。共同富裕是中国特色社会主义的本质要求。社会主义现代化建设，就是要在解放和发展生产力的基础上，消灭剥削，消除两极分化，最终实现共同富裕。中国共产党领导的社会主义现代化，始终把维护好、发展好人民的根本利益作为一切工作的出发点，让人民共享现代化成果。事实证明，社会主义现代化建设不仅造福全体中国人民，而且将对促进地区繁荣、增进各国人民福祉发挥积极的推动作用。

我们坚持自信自立，独立自主开辟了符合中国国情的中国式现代化。中国式现代化是人口规模巨大的现代化，在规模超过现有发达国家人口总和的发展中国家实现现代化，艰巨性和复杂性前所未有，没有现成的教材可以参考，也没有成功的经验可以借鉴，我们必须坚持解放思想、实事求是、与时俱进、求真务实，始终从中国基本国情出发，由中国人自己探寻实现现代化的道路。通过独立自主探索符合本国国情的现代化道路，中国用短短几十年的时间，在很多方面取得了西方国家上百年甚至数百年发展才取得的成就。实践充分证明，坚持独立自主开拓前进道路，坚持把国家和民族发展放在自己力量的基点上，坚持中国的事情必须由中国人民自己作主张、自己来处理，党和人民的事业才能有底气、有力量、有保障。

我们坚持系统观念，统筹谋划与协调推进了全面发展的现代化。社会主义现代化事业涉及经济、政治、文化、社会、生态等多个领域。社会主义现代化绝不是片面发展的现代化，而是坚持物质文明、政治文明、精神文明、社会文明和生态文明全面协调发展的现代化。在推进党和国家各项事业的进程中，我们遵循经济规律、社会规律、自然规律，注重促进经济、政治、文化、社会、生态文明建设各方面相协调，推动生产关系与生产力、上层建筑与经济基础相适应，不断厚植现代化的物质基础、夯实政治民主制度基础、丰富人民精神世界、促进社会全面进步、实现人与自然和谐共生，把建成富强民主文明和谐美丽的社会主义现代化强国事业不断推向前进。

我们坚持胸怀天下，遵循合作共赢的理念走和平发展道路的现代化。我国不走一些国家通过战争、殖民、掠夺等方式实现现代化的老路，那种损人利己、充满血腥罪恶的老路给广大发展中国家人民带来了深重苦难。中国自古就崇尚和平、反对战争，主张各国家、各民族和睦共处：一方面在尊重文明多样性的基础上推动文明交流互鉴，另一方面则体现为合作共赢。中国从不主张非此即彼的零和博弈思维，始终倡导兼容并蓄的理念，希望世界各国能够携起手来共同应对全球挑战，希望通过汇聚大家的力量为解决全球性问题作出更多积极的贡献。

既不封闭僵化也不改旗易帜，坚持自信自强坚定不移沿着中国式现代化道路踔厉前行、全面推进中华民族伟大复兴。

习近平总书记强调："中华民族拥有在5000多年历史演进中形成的灿烂文明，中国共产党拥有百年奋斗实践和70多年执政兴国经验，我们积极学习借鉴人类文明的一切有益成果，欢迎一切有益的建议和善意的批评，但我们绝不接受'教师爷'般颐指气使的说教！中国共产党和中国人民将在自己选择的道路上昂首阔步走下去，把中国发展进步的命运牢牢掌握在自己手中！"推进中国式现代化，坚持走自己的路，并不意味着封闭僵化和故步自封，走自己的路不是排斥其他道路，正所谓"万物并育而不相害，道并行而不相悖"。

积极学习借鉴人类文明的一切有益成果。习近平总书记指出："文明因交流而多彩，文明因互鉴而丰富。文明交流互鉴，是推动人类文明进步和世界和平发展的重要动力。"坚持独立自主走自己的现代化道路，既不意味着消灭文明的差异性，也不意味着抗拒其他文明的成果。任何一种文明中总有其有益之处，总有其值得别人借鉴之处。任何一种文明，也不可能囊括人类的全部智慧、解决人类面临的所有问题，总会有其不足之处。我们秉持开放包容的态度，积极学习借鉴其他文明的有益成果，思考其他文明与自身文明的关系，寻找文明交汇的契合点，将这些有益成果吸收进自身文明中来，最终达到为我所用的目的。

不断用发展着的马克思主义指导现代化实践。习近平总书记指出："一部马克思主义发展史就是马克思、恩格斯以及他们的后继者们不断根据时代、实践、认识发展而发展的历史，是不断吸收人类历史上一切优秀思想文化成果丰富自己的历史。因此，马克思主义能够永葆其美妙之青春，不断探索时代发展提出的新课题、回应人类社会面临的新挑战。"马克思主义正是开放性理论的典型代表，我们坚持走自己的路，把马克思主义基本原理同中国具体实际相结合、同中华优秀传统文化相结合，在理论与实践的良性互动中丰富和完善马克思主义，不断用发展着的马克思主义指导中国式现代化实践。

新征程上，我们推进和拓展中国式现代化，必须坚定不移走自己的路，坚持把国家和民族发展放在自己力量的基点上、把中国发展进步的命运牢牢掌握在自己手中，中国式现代化就一定能够永葆正确前进方向，最终到达中华民族伟大复兴的光辉彼岸。

【习言习语】

一个国家走向现代化，既要遵循现代化一般规律，更要符合本国实际，具有本国特色。中国式现代化既有各国现代化的共同特征，更有基于自己国情的鲜明特色。党的二十大报告明确概括了中国式现代化是人口规模巨大的现代化、是全体人民共同富裕的现代化、是物质文明和精神文明相协调的现代化、是人与自然和谐共生的现代化、是走和平发展道路的现代化这5个方面的中国特色，深刻揭示了中国式现代化的科学内涵。这既是理论概括，也是实践要求，为全面建成社会主义现代化强国、实现中华民族伟大复兴指明了一条康庄大道。新中国成立特别是改革开放以来，我们用几十年时间走完西方发达国家几百年走过的工业化历程，创造了经济快速发展和社会长期稳定的奇迹，为中华民族伟大复兴开辟了广阔前景。实践证明，中国式现代化走得通、行得稳，是强国建设、民族复兴的唯一正确道路。

——2023年2月7日，习近平总书记在新进中央委员会的委员、候补委员和省部级主要领导干部学习贯彻习近平新时代中国特色社会主义思想和党的二十大精神研讨班开班式上的讲话

【深度思考】

为什么必须以中国式现代化全面推进中华民族伟大复兴？

【延伸阅读】

《习近平在学习贯彻党的二十大精神研讨班开班式上发表重要讲话强调 正确理解和大力推进中国式现代化》，《人民日报》2023年2月8日第1版。

17. 中国特色社会主义“特”在哪里?

【学“习”问道】

中国特色社会主义由中国改革开放的总设计师邓小平同志提出。所谓中国特色的社会主义，是在党的领导下根据中国的国情实行的社会主义，它既不同于传统的社会主义，又不同于资本主义，是科学社会主义的基本原则与中国实际相结合的产物，具有鲜明的时代特征和中国特色。那么，中国特色社会主义到底“特”在哪里?

中国特色社会主义是中国共产党对现阶段纲领的概括。其科学内涵是要把马克思主义的普遍真理同中国的具体实际结合起来，走中国特色的道路，逐步实现社会主义现代化强国梦，把中国建设成为富强、民主、文明、和谐、美丽的社会主义国家，即一方面要坚持马克思主义的基本原理，坚持社会主义道路；另一方面必须从中国的实际出发，不照搬照抄别国经验、模式，而是发展适应中国特点的路。

中国特色社会主义的内涵，随着我国改革开放实践的发展而不断丰富和完善。1982 年 9 月 1 日，邓小平在中国共产党第十二次全国代表大会的开幕词中提出：“把马克思主义的普遍真理同中国的具体实际结合起来，走自己的道路，建设有中国特色的社会主义，这就是我们总结长期历史经验得出的基本结论。”

2002年，党的十六大提出全面建设小康社会的战略目标，把“三个代表”重要思想写入党章，并认真总结了十三届四中全会以来党团结和带领全国各族人民在建设中国特色社会主义的伟大实践中取得的基本经验，号召全党要坚持贯彻党的基本理论、基本路线、基本纲领和基本经验，把各项工作做得更好。2017年10月18日，习近平总书记在中国共产党第十九次全国代表大会的报告中强调，我国社会主要矛盾已经转化为人民日益增长的美好生活需要和不平衡不充分的发展之间的矛盾，中国特色社会主义进入新时代。

中国特色社会主义特在“道路”。党的十八大报告明确指出：“回首近代以来中国波澜壮阔的历史，展望中华民族充满希望的未来，我们得出一个坚定的结论：全面建成小康社会，加快推进社会主义现代化，实现中华民族伟大复兴，必须坚定不移走中国特色社会主义道路。”中国特色社会主义道路是中国共产党对现阶段纲领的概括，是中国人民的历史选择，是实现中国梦的必由之路。中国特色社会主义道路，既坚持以经济建设为中心，又全面推进经济建设、政治建设、文化建设、社会建设、生态文明建设以及其他各方面的建设；既坚持四项基本原则，又坚持改革开放；既不断解放和发展社会生产力，又逐步实现全体人民共同富裕，促进人的全面发展。

这条道路之所以完全正确，之所以能够引领中国发展进步，关键在于我们既坚持了科学社会主义的基本原则，又根据我国实际和时代特征赋予其鲜明的中国特色。马克思、恩格斯创立的科学社会主义，揭示了社会主义的共同规律和发展要求。俄国十月革命之后，世界范围内掀起了社会主义思潮，欧洲、亚洲、拉丁美洲等的不同国家纷纷建立起社会主义制度，每个国家都从本国实际出发，根据本国国情与发展阶段探索社会主义的具体模式和途径。习近平总书记指出："独特的文化传统，独特的历史命运，独特的基本国情，注定了我们必然要走适合自己特点的发展道路。"

中国特色社会主义道路是人民创造历史的实践道路，社会主义本身就是人民群众的事业，是由人民群众进行创造和发展的事业。中国共产党的历代领导人都将人民放在首位，重视人民的作用，广大人民群众的伟大实践也不断推动着中国特色社会主义的改革和建设。中国特色社会主义道路是集中力量办大事的道路，这样一条道路为解决当前和今后的难题提供了强大动力。中国特色社会主义具有集中力量办大事的优势，基于这一优势，通过不断地加强和改善宏观调控，充分地将中央与地方的积极性调动起来，既发挥出中央的积极性，又更好地发挥出地方的积极性，在改革开放40多年间先后克服了许多困难，在重大国际活动、战胜重大自然灾害、解决社会民生问题上都取得了举世瞩目的成就。中国特色社会主义道路是倡导平等、和平发展的道路。每个国家的发展道路是各国历史发展决定的，中国道路从来都是平等地对待其他的发展道路；中国特色社会主义道路由中国的历史文化的独特性所决定，其成功不仅彰显出强大的竞争力和独特优势，也为解决世界难题和促进其他发展中国家发展提供了很好的启示。

中国特色社会主义特在“理论体系”。中国特色社会主义理论体系是科学社会主义理论逻辑与中国社会发展历史逻辑的辩证统一，具有鲜明的实践特色、理论特色、民族特色、时代特色，是中国共产党把马克思主义与中国实际相结合实现马克思主义中国化的最新理论成果，包括邓小平理论、“三个代表”重要思想、科学发展观以及习近平新时代中国特色社会主义思想。它同马克思列宁主义、毛泽东思想是坚持与创新、继承与发展的关系。

中国特色社会主义理论体系的精髓是解放思想、实事求是，主题是发展，核心是以人为本，立足点是社会主义初级阶段的基本国情，关键是加强党的执政能力建设、永葆党的先进性。中国特色社会主义理论体系中的邓小平理论，开创性地提出社会主义本质、社会主义初级阶段、社会主义市场经济等重要理论，就如何建设和发展社会主义做了明确的、系统的回答，为坚持中国特色社会主义道路奠定了理论基础。中国特色社会主义理论体系中的“三个代表”重要思想，科学回答了“建设什么样的党、怎样建设党”这个关键性问题，完善了党的领导方式和执政方式，增强了人们对中国共产党执政的信心，把中国特色社会主义事业成功推向新世纪。中国特色社会主义理论体系中的科学发展观，研究和回答了我国社会主义各个方面建设所面临的一系列重大问题，明确了怎样实现发展的战略举措，把中国特色社会主义推向了新的发展阶段。

党的十九大报告指出，中国特色社会主义进入了新时代，这是我国发展的新的历史方位。进入新时代，习近平新时代中国特色社会主义思想开辟了马克思主义的新境界，在坚持马克思主义基本原理的基础上实现了重大突破与创新，同时发展了中国特色社会主义理论体系，系统地回答了新时代坚持和发展什么样的中国特色社会主义、怎样坚持和发展中国特色社会主义，把中国特色社会主义和实现社会主义现代化、实现中华民族伟大复兴有机贯通起来，为新时代治国理政提供了基本遵循。

中国特色社会主义特在“制度”。中国特色社会主义制度符合我国国情，既坚持了社会主义的根本性质，又借鉴了古今中外制度建设的有益成果，集中体现了中国特色社会主义的特点和优势，是中国发展进步的根本制度保障。

在政治领域，人民代表大会制度是我国的根本政治制度，是坚持党的领导、人民当家作主、依法治国有机统一的根本制度安排。中国共产党领导的多党合作和政治协商制度、民族区域自治制度以及基层群众自治制度等构成了我国的基本政治制度。其中，中国共产党领导的多党合作和政治协商制度是新型政党制度，它将各个政党和无党派人士紧密团结起来，为着共同目标而奋斗；民族区域自治制度是中国特色解决民族问题的正确道路的重要内容和制度保障，确保了少数民族当家作主，促进了民族地区发展；基层群众自治制度在城乡居民最基本的生活单位、生产单位发展基层民主，推动群众进行自我管理、自我服务、自我教育、自我监督。中国特色社会主义法律体系是中国特色社会主义创新实践的法制体现，发展社会主义民主、健全社会主义法制、依法治国，是建设中国特色社会主义的重要目标。

在经济领域，我国建立了社会主义市场经济体制，实行了以公有制为主体、多种所有制经济共同发展的基本经济制度，确立了按劳分配为主体、多种分配方式并存的分配制度。进入新时代，中国共产党坚持用新发展理念引领高质量发展，坚持质量第一、效益优先，把发展经济的着力点放在实体经济上；将推进供给侧结构性改革作为主线，既强调供给又关注需求，既要发挥市场在资源配置中的决定性作用，又要更好地发挥政府作用；推动建设现代化经济体系，大力发展实体经济，加快创新驱动发展战略，推进城乡区域协调发展，着力发展开放型经济，深化经济体制改革。

此外还有建立在以上制度基础上的文化、社会等领域的各项具体制度。在文化领域，我们党十分重视文化建设，始终坚持社会主义先进文化的前进方向，旗帜鲜明地坚持马克思主义在意识形态领域的指导地位，加快构架中国特色、中国风格、中国气派的哲学社会科学体系；坚持正确的舆论导向，营造好风清气正的网络空间，强化意识形态工作责任制，不断提高文化软实力，增强文化自信。在社会领域，我们党在长期实践中不断探索和发展了中国特色社会主义的社会建设理论，紧紧抓住人民最关心最直接最现实的利益问题，不断推进社会治理现代化，打造共建共治共享的社会治理格局。

中国特色社会主义将实践、理论、制度紧密结合，通过成功的实践得出理论，又以正确的理论来指导实践，并最终上升为党和国家的制度，从全面建成小康社会到基本实现现代化再到全面建成社会主义现代化强国，是新时代中国特色社会主义发展的战略安排。

【习言习语】

中国特色社会主义特就特在其道路、理论体系、制度上，特就特在其实现途径、行动指南、根本保障的内在联系上，特就特在这三者统一于中国特色社会主义伟大实践上。在当代中国，坚持和发展中国特色社会主义，就是真正坚持社会主义。

——2012 年 11 月 17 日，习近平总书记在十八届中共中央政治局第一次集体学习时的讲话

【深度思考】

中国特色社会主义“特”在哪里？

【延伸阅读】

习近平：《坚持和完善中国特色社会主义制度推进国家治理体系和治理能力现代化》，《求是》2020 年第 1 期。

18. 百年未有之大变局“变”在何处？

【学“习”问道】

2018年6月，习近平总书记在中央外事工作会议上深刻指出，当前，我国处于近代以来最好的发展时期，世界处于百年未有之大变局，两者同步交织、相互激荡。那么百年未有之大变局究竟“变”在何处呢？

百年未有之大变局，概括起来说，就是当前国际格局和国际体系正在发生深刻调整，全球治理体系正在发生深刻变革，国际力量对比正在发生近代以来最具革命性的变化，世界范围呈现出影响人类历史进程和趋向的重大态势。

回顾世界历史，15世纪至16世纪，随着新航路的开辟和地理大发现，西方开启了大航海时代，在世界范围内进行早期殖民扩张，之后世界逐渐成为一个整体，世界市场初具雏形。17世纪，英国爆发了资产阶级革命，为资本主义制度的确立开辟了道路，欧洲大陆的主要封建国家也陆续进行改革。18世纪，第一次工业革命爆发，极大地提高了生产力，巩固了资本主义各国的统治地位，资产阶级力量日益壮大，通过革命和改革率先完成工业革命的西方资本主义国家逐步确立起对世界的统治，大大密切加强了世界各地之间的联系，改变了世界的面貌；西方列强凭借资本主义工业化发展带来的经济、军事实力瓜分世界，四处侵略掠夺，奴役弱小民族，霸占弱小国家，在全球范围内到处建立各自的殖民地。近代以来，西方列强凭借坚船利炮，撞开了中国“闭关锁国”的大门，联合起来分割中国领土，掠夺中国资源，把中国变成半殖民地半封建国家，肆意破坏中国主权，宰割中国人民，中华民族灾难深重。

百年后的今天，世界局势发生了巨大而深刻的变化，国际格局和国际体系正在发生深刻调整。习近平总书记明确指出：“世界多极化加速发展，国际格局日趋均衡，国际潮流大势不可逆转。”世界进入了大发展大变革大调整时期，带来挑战的同时也带来了大机遇，形成了“百年未有之大变局”。

一是政治重心转移。百年前，欧陆列强争霸，70年前世界形成了美苏争霸的两极格局，30年前冷战结束，世界形成了一超多强的局面，美国一家独大；一直以来，西方资本主义国家处于全球政治重心的地位，掌握全球政治生活的主导权，采取霸权政治、强权政策来左右全球政治的发展方向和路径，世界政治呈现东方从属于西方的现象。百年后的今天，和平与发展成为时代主题，人类命运共同体理念深入人心，但仍存在单边主义、保护主义、霸权主义等威胁世界和平与发展的因素；发达国家内部矛盾重重，实力相对下降，政治重心开始“东升西降”，“东西矛盾”由过去的“西强东弱、西主东从”转向如今的“东西平视”。东方特别是一大批发展中国家群体性崛起，亚洲从“列强争夺之域”

走向“新的世界中心”，非洲从“绝望的大陆”走向“希望的大陆”，拉丁美洲从“西方冒险家的新世界”走向“谋求自主现代化的发展中地区”。二十国集团作用日益突出，七国集团影响日渐式微。从“帝国的黄昏”到“新兴的黎明”，发展中国家逐渐成为影响国际政治经济格局的重要力量，在全球政治生活中的话语权大大提升，西方一国发声、百国应从的局面大大改变。

二是经济实力演变。环顾当今世界，新一轮科技革命突飞猛进，物质科学、生命科学、地球和宇宙科学等领域不断取得重大原创性突破，信息技术、生物技术、制造技术、新材料技术、新能源技术广泛渗透，大数据、云计算、移动互联网等新一代信息技术同机器人和智能制造技术相互融合，带动以绿色、智能、泛在为特征的群体性重大技术变革；科技创新链条的灵活性，技术更新和成果转化的快捷化，推动产业更新换代不断加快，由此带动新一轮产业变革，创造出新产业、新业态、新模式，传统产业得到革命性重塑。新一轮科技革命和产业变革不仅深刻影响着人类社会的生产方式、社会结构、生活方式和思维方式，也必将在塑造世界政治经济格局、改变国家力量对比方面发挥重要作用。

此外，近代以来，西方国家特别是美国一直处于经济强势地位，主宰全球经济发展，但近年来，美国等传统西方国家经济社会发展陷入低迷，缺失发展活力，出现了产业空心化、人口老龄化、收入差距扩大化等现象，严重威胁到经济发展，而新兴市场国家和发展中国家的崛起速度之快则前所未有。IMF 数据显示，按购买力平价标准衡量，2019 年亚洲 GDP 的全球占比为 34%，而美国与欧盟合计占比为31%；亚洲对全球经济增长的贡献率高达63%，美国为11%，欧元区仅为4%。根据世界银行统计，2000年到2019年，美国等西方高收入国家GDP的全球占比由82.25%下降至62.77%，而中国和印度两个传统东方国家则由5%上升至19.33%，新兴市场国家和发展中国家占全球经济总量的比重接近40%，对世界经济增长的贡献率达到80%，世界经济版图发生了深刻变化。

还应当看到，2020年新冠肺炎疫情在全球蔓延开来，成为世界百年未有之大变局的新变量、催化剂。这次百年一遇的大疫情，让复苏乏力的世界经济雪上加霜，世界陷入二战以来最严重的经济衰退。回顾一战结束以来的100年间，人类社会先后经历了多次规模不一的全球性经济危机，此次疫情的暴发，更是凸显出西方资本主义主导下的国际体系的严重弊端，宣告了新自由主义的彻底破产。

三是文化发展多样。百年来，西方特别是美国把本国的文化观念、意识形态和价值取向作为统一或唯一的衡量标准，向其他国家尤其是落后的发展中国家进行文化渗透，让其成为很多国家的精神食粮和价值追求。百年后的今天，在经济全球化的浪潮下，世界各国的文化交流也日益频繁，世界文化多样性正成为世界共识，文化多元主义逐步兴起，在全球范围内反对文化霸权主义与文化单元主义已成为当代国际政治斗争的重要内容，全球文化的多样化发展，文明的多样化进步，成为不可逆转的趋势。

四是治理体系调整。旧的全球治理体系诞生于西方殖民时代，形成了单边主义治理体系、强国治理体系。随着时代的发展，这种体系让众多的发展中国家产生抵触情绪，西方发达国家主导的国际政治经济秩序越来越难以为继，新兴工业化国家要求对发达国家引领的这种体系作出改革。现今，发展中国家在国际事务中的代表性和发言权不断扩大，全球治理越来越向着更加公平合理的方向发展，多极化对话、国家与非政府组织共同参与治理格局逐步形成。人类前途命运的休戚与共前所未有，各国相互联系和彼此依存比过去任何时候都更频繁、更紧密，整个世界日益成为你中有我、我中有你的人类命运共同体。

五是中国的快速崛起。目前，中国已成为世界上第二大经济体，全球排名第一的外资流入国；中国人民已实现全部脱贫，奔向了全面小康社会，实现了从站起来，到富起来，再到强起来的伟大飞跃，中国人民正满怀喜悦和希望朝着现代化的宏伟目标迈进。中国国际影响力大幅提升，积极参与并影响全球政治、经济秩序的治理，提出“人类命运共同体”理念，为推动世界和平、促进世界发展作出重大贡献。中国特色社会主义取得的巨大成就，充分彰显了中国共产党领导的优势，社会主义制度的优势，中华民族百年来为之不懈奋斗的民族复兴大业在不久的将来就要实现。中国特色社会主义道路、理论、制度、文化不断发展，不仅造福了中国人民，拓展了发展中国家走向现代化的途径，而且给世界上在发展中想保持独立性的国家和民族提供全新选择，为解决人类问题贡献中国智慧和中国方案。

习近平总书记强调：“大变局带来大挑战，也带来大机遇，我们必须因势而谋、应势而动、顺势而为。”向内看，在这场大变局中，关键是要办好自己的事，中国积极贯彻新发展理念，全力推动建设现代化经济体系，促进高质量发展，在新一轮科技革命和产业革命中“弯道超车”，积极提升现代治理能力。向外看，面对新冠肺炎疫情，中国向世界提供急需的医疗物资援助以及疫情防控和诊疗技术指南，积极参与全球抗疫行动，中国制度、中国文化、中国治理得到认同。在逆全球化的潮流中，中国积极扩大对外开放，维护开放型世界经济。人类命运共同体、“一带一路”、亚投行、文明对话……中国方案、中国作为凝聚起越来越多国际新共识，在世界百年未有之大变局中，中国坚韧坚定，砥砺前行，同世界各国人民一道，携手建设更加美好的世界。

【习言习语】

当今世界正经历百年未有之大变局，这样的大变局不是一时一事、一域一国之变，是世界之变、时代之变、历史之变。能否应对好这一大变局，关键要看我们是否有识变之智、应变之方、求变之勇。

——2020 年 10 月 26 日，习近平总书记在中国共产党第十九届中央委员会第五次全体会议上的讲话

【深度思考】

百年未有之大变局“变”在何处?

【延伸阅读】

习近平:《新发展阶段贯彻新发展理念必然要求构建新发展格局》(2020 年 10 月 29 日),《求是》2022 年第 17 期。

19. 新发展阶段“新”在什么地方?

【学“习”问道】

党的十九届五中全会提出，全面建成小康社会、实现第一个百年奋斗目标之后，我们要乘势而上开启全面建设社会主义现代化国家新征程、向第二个百年奋斗目标进军，这标志着我国进入了一个新发展阶段。新发展阶段“新”在什么地方?

党的十九届五中全会提出，我国发展进入新阶段。这个新发展阶段是指我国全面建成小康社会、实现第一个百年奋斗目标之后，开启全面建设社会主义现代化国家新征程、向第二个百年奋斗目标进军的阶段。进入新发展阶段，在我国发展进程中具有里程碑意义。这个里程碑铭记了中国人民和中国共产党为实现中华民族伟大复兴而顽强奋斗的光辉历史，标刻了我国社会主义现代化建设承前启后、继往开来的历史坐标。这是中国由大变强的阶段，是实现中华民族伟大复兴的关键阶段。一方面，经过数十年的接续奋斗，我们已经拥有开启新征程、实现新的更高目标的雄厚基础，迎来了从站起来、富起来到强起来的历史性跨越的新阶段，比历史上任何时期都更接近、更有信心和能力实现中华民族伟大复兴这一目标。另一方面，在由高速度发展向高质量发展的转型过程中，我国仍然表现出很多短板和弱项，在高科技等领域依然存在“受制于人”的现象，大而不强的问题还比较明显。同时，近年来的国际风云动荡也对全球化进程提出挑战。因此，开启全面建设社会主义现代化国家新征程的新发展阶段面临着一系列新的发展状况。

新发展阶段面临新的历史起点。“十三五”期间，在以习近平同志为核心的党中央的团结带领下，我国决胜全面建成小康社会取得决定性成就，当前和今后一个时期我国已转向高质量发展阶段。在新的发展阶段，我国具有多方面优势和条件——制度优势显著，治理效能提升，经济长期向好，物质基础雄厚，人力资源丰富，市场空间广阔，发展韧性强劲，社会大局稳定。经过“十三五”时期的努力，我国经济实力、科技实力、综合国力跃上新的大台阶，经济运行总体平稳，经济结构持续优化。2020 年，我国国内生产总值超过 100 万亿元，人均 GDP 突破 7 万元，经济发展水平已具备跃升新阶段的条件。同时我国经济增长的共享性明显增强，城乡居民可支配收入与 GDP 实现了同步增长；脱贫攻坚成果举世瞩目，5575 万农村贫困人口实现脱贫，已经完成现行标准下农村贫困人口全部脱贫任务，历史性解决了绝对贫困问题。综上，我们已经拥有开启新征程、实现新目标的雄厚经济基础，我国未来的发展拥有前所未有的崭新历史起点。

新发展阶段面临新的发展挑战。当前和今后一个时期，我国发展仍然处于重要战略机遇期，但机遇和挑战都有新的发展变化。第一，经济发展潜力尚待进一步挖掘。我国经济已经从高速增长进入中高速增长区间，正处在转变发展方式、优化经济结构、转换增长动力的攻关期，传统的低成本优势明显减弱，新的竞争优势尚待重塑，创新能力还不适应高质量发展要求。2011 年，我国 15~59 岁劳动年龄人口达到峰值，随后进入负增长，人口红利减弱；传统增长动能下降导致潜在增长率降低，经济增长速度相应呈下行趋势，经济下行压力加大，企业盈利和居民增收难度增加。新冠肺炎疫情的暴发加剧了我国众多市场主体所面临的压力，创新驱动转型发展、结构调整、协调发展、环境保护等压力和需求前所未有。第二，发展不平衡不充分问题还比较明显，人民对美好生活的向往更加强烈。在新发展阶段，我国社会主要矛盾已经转化为人民日益增长的美好生活需要和不平衡不充分的发展之间的矛盾，人民对美好生活的要求不断提高，为我国发展带来了新特征、新要求。新发展阶段更加注重高质量发展，发展要求和衡量标准更高了，发展的不平衡不充分就更加凸显了。新发展阶段我国各区域、各领域、各方面仍存在许多失衡现象，制约了整体发展水平提升，发展任务仍然很重。解决好就业、教育、医疗、社保、住房、养老、食品安全、社会治安等突出民生问题，更好满足人民对美好生活的向往的任务比以往任何时候都更加迫切。

在国外，世界百年未有之大变局给我国发展环境带来了一系列变化。第一，国际力量对比深刻调整，大国博弈更加激烈。当今世界正经历百年未有之大变局，新冠肺炎疫情全球大流行加速了这个大变局的演进。国际经济、科技、文化、安全、政治等格局都在发生深刻调整，世界秩序加快从旧秩序向新秩序切换，世界业已进入动荡变革期，今后一个时期我们将面对更多逆风逆水的外部环境。第二，世界面临的不确定性、不稳定性明显增加。经济全球化遭遇逆流，新冠肺炎疫情进一步推动全球产业布局向区域化发展，贸易保护主义、孤立主义、排外主义、民粹主义等思潮不断抬头，经济全球化势头将有所减弱。在某些西方大国，单边主义、保护主义、霸权主义抬头，对世界和平与发展构成威胁。治理赤字、信任赤字、和平赤字、发展赤字等问题越来越严重，国际环境日趋复杂。第三，新一轮科技革命和产业变革深入发展，正在推动世界经济结构、产业结构、国际分工发生深刻变革，新经济、新模式迅猛发展，世界经济版图正在发生巨大变革。总之，当前和今后一个时期，我国势必要在一个更加不稳定、不确定的世界中谋求自身发展及推动同其他国家的合作发展。

新发展阶段面临新的发展任务。在国内外环境深刻变化的情况下，我们需要更有针对性地、按照更高要求持续解决人民日益增长的美好生活需要和不平衡不充分的发展之间的矛盾，破解新发展阶段面临的经济发展挑战和难题，培育强劲持续的发展新动能，追求高质量发展，不断实现人民对美好生活的向往。第一，以推动高质量发展为主题，着力解决发展不平衡不充分问题。高质量发展是建设社会主义现代化强国的基本路径，新阶段面临的发展不平衡不充分问题，从一定程度上来说就是发展质量不高的表现。“十四五”时期我国经济社会发展的主旋律是高质量发展，中心任务是围绕高质量发展进行既符合各地实际又具有创新意义的探索，促进发展质量实现历史性跃升。习近平总书记强调，在新发展阶段，“要立足提高质量和效益来推动经济持续健康发展，追求实实在在、没有水分的生产总值，追求有效益、有质量、可持续的经济发展”。切实提升发展质量，必须贯彻落实新发展理念，把新发展理念贯穿新发展阶段全过程和各领域。同时，根据我国发展阶段、发展环境、发展条件的变化，切实转变发展方式，推动质量变革、效率变革、动力变革，坚持质量第一、效益优先，使发展成果更好地惠及全体人民。

第二，以深化供给侧结构性改革为主线。新发展阶段，速度问题根本上是结构问题，表面是需求不足，实质是高质量供给跟不上。在新发展阶段，我国一些行业和产业，一方面产能严重过剩，另一方面又有大量关键装备、核心技术、高端产品还依赖进口，受制于人。解决这些结构性问题，必须把改善供给侧结构作为主攻方向，坚持从供给侧、结构上想办法、找出路，努力实现供求关系在高水平上的平衡，进一步解放和发展生产力。习近平总书记强调，供给侧结构性改革的关键是抓好“去产能、去库存、去杠杆、降成本、补短板”。新发展阶段涌现的新问题要求我们不断深化改革，减少无效和低端供给，扩大有效和中高端供给，使供给结构更好地适应需求变化，不断让新的需求催生新的供给，让新的供给创造新的需求，从而实现更高水平和更高质量的供需动态平衡；优化投融资体系，降低企业负债率，不断增强企业活力，激发企业创新发展新动能；聚焦补短板、强弱项，精准发力，全面提升经济发展水平。

第三，深刻认识错综复杂的国际环境带来的新矛盾、新挑战，增强机遇意识和风险意识，准确识变、科学应变、主动求变。在充满不确定性的国际环境中，继续深化改革开放、实现更大发展。面对更多逆风逆水的外部环境，我们要辩证认识和科学把握国内外大势，增强机遇意识和风险意识，保持战略定力，坚定信心、沉着应对，以我为主、加快发展，把握好畅通国内大循环与国内国际双循环的关系，推动形成以国内大循环为主体、国内国际双循环相互促进的新发展格局。把握好对外开放和国家安全的关系，既要以高水平对外开放打造国际合作和竞争新优势，又要在开放中坚守底线思维，坚持总体国家安全观，维护好国家安全。

党的十九大报告运用马克思主义的基本原理，提出了“一变两不变”的重大论断。中国特色社会主义进入新时代，我国社会主要矛盾已经转化为人民日益增长的美好生活需要和不平衡不充分的发展之间的矛盾。同时，我国社会主要矛盾的变化，没有改变我们对我国社会主义所处历史阶段的判断，我国仍处于并将长期处于社会主义初级阶段的基本国情没有变，我国是世界最大发展中国家的国际地位没有变。“一变两不变”的重大论断有助于我们更好地理解新发展阶段的新特点，对我国在新时代、新阶段进行伟大斗争、建设伟大工程、推进伟大事业、实现伟大梦想，具有重要指导意义。

【习言习语】

“十四五”时期是我国全面建成小康社会、实现第一个百年奋斗目标之后，乘势而上开启全面建设社会主义现代化国家新征程、向第二个百年奋斗目标进军的第一个五年，我国将进入新发展阶段。

——2020 年 8 月 24 日，习近平总书记在经济社会领域专家座谈会上的讲话

【深度思考】

新发展阶段“新”在什么地方？

【延伸阅读】

习近平：《把握新发展阶段，贯彻新发展理念，构建新发展格局》，《求是》2021 年第 9 期。

20. 新发展格局“新”在哪里?

【学“习”问道】

党的十九届五中全会提出，要加快构建以国内大循环为主体、国内国际双循环相互促进的新发展格局。这是党中央根据我国发展阶段、环境、条件变化作出的重大决策，是适应我国发展进入新阶段要求、塑造国际合作和竞争新优势的必然选择。那么，新发展格局“新”在哪里呢?

加快构建以国内大循环为主体、国内国际双循环相互促进的新发展格局，是根据我国发展阶段、环境、条件变化作出的战略决策，是事关全局的系统性深层次变革。以国内大循环为主体，意味着着力打通国内生产、分配、流通、消费的各个环节，发挥中国超大规模市场优势，以满足国内需求作为经济发展的出发点和落脚点。国内国际双循环相互促进强调的是，以国内经济循环为主并不意味着关门封闭，而是通过发挥内需潜力，使国内市场和国际市场更好地联通与相互促进。

新发展格局面临新形势，立足新阶段。加快构建新发展格局是积极应对国内外形势变化的主动选择，也是主动塑造和延长战略机遇期的必然选择。新发展格局以国内外发展大势为着眼点，在国内外大势中把握发展方向。近年来，中国对外贸易依存度呈下降趋势，国内消费占国内生产总值比重连续上升。习近平总书记指出：“自 2008 年国际金融危机以来，我国经济已经在向以国内大循环为主体转变，经常项目顺差同国内生产总值的比率由 2007 年的 9.9% 降至现在的不到 1%，国内需求对经济增长的贡献率有 7 个年份超过 100%。”进入新发展阶段后，我国劳动力成本持续上升，人口红利逐渐减少，技术水平实现较大提升，资源紧缺状况有所加剧，环境保护压力逐渐增大，市场和资源“两头在外”的国际大循环动能明显减弱，我国内需潜力不断释放。基于这一客观态势，结合我国发展阶段、环境、条件变化，加快构建新发展格局是实现中国经济高质量发展的内在要求，适应了我国社会主要矛盾发展变化带来的新特征、新要求，有助于更好地满足人民日益增长的美好生活需要。

新发展格局呈现新特点，面对新任务，国内大循环充分挖掘我国超大规模市场潜力。大国经济的优势是内部可循环，我国是全球超大规模消费市场，强大的国内市场是我国最大的竞争力，也是我国稳定经济发展和抵御外部风险的根本依托。市场资源是我国的巨大优势，必须充分利用和发挥这个优势，不断巩固和增强这个优势，形成构建新发展格局的雄厚支撑。我国有 14 亿多人口，其中有世界最大规模的 4 亿多中等收入群体，消费总量扩大和消费结构升级的空间广阔。随着社会主要矛盾的变化，我国人民追求美好生活的意愿更加强烈，消费结构升级进程加快，国内消费需求更加丰富多样，消费潜力持续释放，强大的国内市场正逐步形成。同时，我国拥有世界上规模最大、门类最全、配套最完备的制造业体系，生产能力强大，产业体系完整，人力资源丰富，发展韧性强。综上，我国物质基础雄厚，无论从需求侧看，还是从供给侧看，加快构建以国内大循环为主体、国内国际双循环相互促进的新发展格局都具备许多有利条件。事实上，自 2008 年国际金融危机以来，我国经济已经在向以国内大循环为主体转变。未来一个时期，国内市场主导国民经济循环的特征会更加明显，经济增长的内需潜力会不断释放。因此，我们只有立足自身，充分畅通国内大循环，方能在动荡变幻的国际风云中始终充满朝气地生存和发展下去。

畅通国内大循环，一方面，要坚持扩大内需这个战略基点，加快培育完整内需体系，将扩大内需同实行供给侧结构性改革相结合，扩大内需，构建强大国内市场。依托强大国内市场，贯通生产、分配、流通、消费的各个环节，打破行业垄断和地方保护，形成国民经济良性循环。有效扩大内需要求我们不断提升创新能力，优化供给结构，创造适应新需求的有效供给，改善供给质量，推出更多符合国内消费者需求的商品和服务，提升供给体系对国内需求的适配性，实现以创新促消费。在投资方面，一要围绕供给侧结构性改革加大投资力度，拓展投资空间；二要优化投资结构，保持投资合理增长，发挥投资对优化供给结构的关键作用；三要发挥政府投资的撬动作用，激发民间投资活力，形成市场主导的投资内生增长机制，多措并举优化投资环境。另一方面，要全面促进消费。消费对经济发展起着基础性作用，要顺应居民消费需求升级趋势，提升传统消费，培育新型消费，发展服务消费，扩大节假日消费，适当增加公共消费，促进线上线下消费融合发展，开拓城乡消费市场。同时也要注意改善消费环境，强化消费者权益保护，让消费者放心消费，全力提升消费者消费欲望。

国内国际双循环坚持实施更大范围、更宽领域、更深层次对外开放，促进国际合作，实现互利共赢。世界的发展需要中国，中国的发展也需要世界。步入新发展阶段，我国在世界经济中的地位将持续上升，同世界经济的联系会更加紧密，为其他国家提供的市场机会将更加多，我国将成为吸引国际商品和要素资源的巨大引力场。我国产业链和需求市场已经深度融入全球经济体系，目前是120多个国家和地区的最大贸易伙伴。同样，坚持对外开放、加强国际合作也有利于中国汲取世界各国发展优势与发展经验，更好地实现自身发展。因此，国内国际双循环坚持通过强化开放合作，更加紧密地同世界经济联系互动，提升经济发展的效率和水平。

促进国内国际双循环，需要做到以下几点。一要建设更高水平的开放型经济新体制。全面提高对外开放水平，推动贸易和投资自由化、便利化，推进贸易创新发展，增强对外贸易综合竞争力。完善外商投资准入负面清单管理制度，有序扩大服务业对外开放，依法保护外资企业合法权益，健全促进和保障境外投资的法律、政策和服务体系，坚定维护中国企业海外合法权益，实现高质量“引进来”和高水平“走出去”。在经济全球化大背景下，自由贸易试验区和自由贸易港是联系国内国际双循环的重要平台，要大力实施自由贸易试验区提升战略，完善自由贸易试验区布局，提升自由贸易试验区建设水平，构建面向全球的高标准自由贸易试验区网络。推动共建“一带一路”高质量发展，积极与有关国家开展合作，在深化政策沟通、加快设施联通、推动贸易畅通、促进资金融通、增进民心相通等方面积极发挥作用。建设高水平开放型经济，还要不断优化经济结构，提高产品质量与竞争力。通过参与国际市场竞争，增强我国出口产品和服务竞争力，推动我国产业转型升级，增强我国在全球产业链、供应链、创新链中的影响力。二要积极参与全球经济治理体系改革。经济全球化既是机遇，也是挑战。在全球经济治理体系中，要坚持平等协商、互利共赢，维护多边贸易体制，积极参与世界贸易组织改革，推动完善更加公正合理的全球经济治理体系。积极参与多双边区域投资贸易合作机制，推动制定新兴领域经济治理规则，提高参与国际金融治理的能力，充分发挥负责任的大国作用。实施自由贸易试验区提升战略，构建面向全球的高标准自由贸易试验区网络。三要增强风险意识，提升防范技能，维护国家安全。越开放越要重视安全，越要统筹好发展和安全。在党的十九大报告中，习近平总书记强调：“坚持总体国家安全观。统筹发展和安全，增强忧患意识，做到居安思危，是我们党治国理政的一个重大原则。”坚持总体国家安全观，要坚持在扩大开放中增强风险防控和监管的能力，坚决抵制危害中国国家安全及有损中国企业合法权益的各类行为，坚决维护主权、安全、发展利益，做到“安而不忘危，存而不忘亡，治而不忘乱”。

加快构建新发展格局是我国进入新发展阶段的必然选择，是培育我国新时代竞争新优势的重要决策。国内国际双循环是相互联系、不可偏废的整体，二者是相互影响、相互交融、相互促进、相得益彰的你中有我、我中有你的辩证关系，必须以辩证思维理解把握我国的新发展格局。扩大内需同扩大开放并不矛盾，以国内大循环为主体并不排斥国际循环，而是会促进国内国际双循环。虽然国内可循环是大国经济的突出优势，但在经济全球化背景下，大国经济通常都是以国内大循环为主体、国内国际双循环相互促进的运行体系。以国内大循环为主体，正是要发挥内需潜力，使国内市场和国际市场更好联通，更好利用国际国内两个市场、两种资源，实现更加强劲的可持续发展。在开放的全球经济大背景下，国内市场和国际市场不是割裂对立的关系，而是相互融合、相互促进。对外开放是我国的基本国策，我国对外开放的大门不会关闭，只会越开越大。在构建新发展格局过程中，我们既要加强国内大循环在“双循环”中的主导作用，塑造我国参与国际合作和竞争的新优势，也要重视以国际循环提升国内大循环的效率和水平，改善我国生产要素质量和配置水平，全面塑造国际合作和竞争新优势。

【习言习语】

中国开放的大门不会关闭，只会越开越大。以国内大循环为主体，绝不是关起门来封闭运行，而是通过发挥内需潜力，使国内市场和国际市场更好联通，更好利用国际国内两个市场、两种资源，实现更加强劲可持续的发展。从长远看，经济全球化仍是历史潮流，各国分工合作、互利共赢是长期趋势。我们要站在历史正确的一边，坚持深化改革、扩大开放，加强科技领域开放合作，推动建设开放型世界经济，推动构建人类命运共同体。

——2020 年 7 月 21 日，习近平总书记在企业家座谈会上的讲话

【深度思考】

新发展格局“新”在哪里？

【延伸阅读】

习近平：《论把握新发展阶段、贯彻新发展理念、构建新发展格局》，中央文献出版社，2021。

21. 我国发展仍然处于重要战略机遇期这一重大判断的依据是什么?

【学“习”问道】

2002 年党的十六大提出，二十一世纪头二十年对我国来说，是一个必须紧紧抓住并且可以大有作为的重要战略机遇期。在这 20 年间，我国紧紧抓住机遇，取得了举世瞩目的成就。在党的十九届五中全会上，以习近平同志为核心的党中央作出了“当前和今后一个时期，我国发展仍然处于重要战略机遇期，但机遇和挑战都有新的发展变化”这一重大战略判断。那么，作出我国发展仍然处于重要战略机遇期这一重大战略判断的依据是什么呢?

“战略机遇期”是指国际国内各种因素综合作用形成的，能为国家（地区、集团）经济社会发展提供良好机会和境遇，并对其历史命运产生全局性、长远性、决定性影响的某一特定历史时期。当一个国家或者民族抓住属于自己的战略机遇期，便可实现跨越式的发展；如若与之失之交臂，轻则失去快速发展的机会，重则落后于整个时代。

党的十六大首次明确使用“重要战略机遇期”的提法：综观

全局，二十一世纪头二十年，对我国来说，是一个必须紧紧抓住并且可以大有作为的重要战略机遇期。党的十七大强调，当今世界正在发生广泛而深刻的变化，当代中国正在发生广泛而深刻的变革。机遇前所未有，挑战也前所未有，机遇大于挑战。党的十八大指出，综观国际国内大势，我国发展仍处于可以大有作为的重要战略机遇期。党的十九大指出，国内外形势正在发生深刻复杂变化，我国发展仍处于重要战略机遇期，前景十分光明，挑战也十分严峻。党的十九届五中全会再次作出这样的判断：当前和今后一个时期，我国发展仍然处于重要战略机遇期，但机遇和挑战都有新的发展变化。

一个国家处于战略机遇期，这个国家的内外部各种因素必然能够为国家发展提供良好的支持。当前和今后，我国虽然面临诸多矛盾与挑战，但总体来说，我国依然具备很多有利的内外部因素和主客观条件。当今世界正经历百年未有之大变局，国际环境更加复杂，我们正站在实现“两个一百年”奋斗目标的历史交汇期，这是中国发展战略机遇期的重要关头。这就要求我们必须对于自身与世界有着深刻的认识，制定科学的发展战略，充分发挥出中国特色社会主义的优越性，为实现中华民族伟大复兴增添新的力量。

当今世界正经历百年未有之大变局，是习近平总书记基于世界处于变革期的形势和我国历史交汇期的外部环境提出的重要论述。全面正确认识这一大变局，事关我国能否实现现代化与中华民族伟大复兴中国梦，事关科学社会主义为人类揭示出的发展之路的前途是不是光明的。那么，百年未有之大变局“变”在哪里呢？变就变在新一轮科技革命和产业变革深入发展，国际力量对比深刻调整，和平与发展仍然是时代主题，人类命运共同体理念深入人心，同时国际环境日趋复杂，不稳定性、不确定性明显增加。习近平总书记强调：“新兴市场国家和发展中国家的崛起速度之快前所未有，新一轮科技革命和产业变革带来的新陈代谢和激烈竞争前所未有，全球治理体系与国际形势变化的不适应、不对称前所未有。”具体来说，一是国际力量对比发生重大变化，新兴市场国家和发展中国家经济快速发展，在国际经济中所占比重不断上升，世界多极化趋势不断发展，新的全球治理体系已然在生成之中。但是，由于西方发达国家的经济与科技实力的优势较大，他们所主导的全球治理体系仍会在相当一段时间内存在。二是世界范围内的国与国不平等以及有些国家内部的冲突所产生的问题在愈演愈烈，民粹主义、单边主义等逆全球化大势而为的情况时有发生，世界站在了一个十字路口，合作还是对抗的选择考验着每一个国家。三是人工智能、生物技术、量子信息等高科技技术深入发展，新一轮的科技革命和产业革命即将到来，各个国家的竞争更为激烈，能够抓住此次机遇的新兴市场国家和发展中国家才能迎来跨越式发展，缩小与西方发达国家的差距，甚至实现赶超。总的来说，百年未有之大变局虽然给我国带来了巨大风险与挑战，但风险中蕴含着更多的选择和机遇。

为了应对错综复杂的国际环境带来的新风险和挑战，我们必须科学决策，妥善应对。一是要树立底线思维，将国家利益摆在首位，坚决维护国家主权、安全、发展利益。国与国的合作与竞争都是建立在国家利益之上的，没有凭空而来的好处，一切都是自己争来的。在国与国的交往中，要时刻保持清醒，对于国际形势要有准确把握，既要趋利避害，也要发扬斗争精神，一切以实现国家利益为先。二要时刻保有风险意识，居安思危，善于应对各种挑战。在遇到重大风险与挑战时能够保持冷静，主动寻求破局之道，善于在危机中育先机，于变局中开新局，在不断与困难做斗争中实现自我的超越，在一个复杂多变的世界中谋求我国的发展。三是要时刻坚持人类命运共同体这一思想，中国是“世界和平的建设者、全球发展的贡献者、国际秩序的维护者”，我们要积极推动“一带一路”国际合作，积极推动国际治理体系的发展与变革，为世界贡献中国智慧、中国方案和中国力量。我们要合理发挥我国在制造业产能方面的优势，为世界提供更多的公共产品，加深与世界各国的合作，推动世界向着更公平的方向发展。

对于国内而言，改革开放 40 多年，我国取得诸多辉煌成就，如经济高速增长；社会主义民主政治展现出旺盛的生命力；中国特色社会主义文化建设繁荣发展；人民生活不断改善，和谐社会建设成效显著；国际影响力日益提升。这让我们前所未有地走近世界舞台中央，前所未有地接近实现中华民族伟大复兴目标，前所未有地具有实现这个目标的信心和能力。这些发展历程和伟大成就为延长重要战略机遇期积累了宝贵经验、奠定了雄厚基础。党的十九届五中全会提出我国发展仍然处于重要战略机遇期，明确我国进入新发展阶段。我们要深刻认识和紧紧把握重要战略机遇期，全面建设社会主义现代化国家，更好地推动中华民族伟大复兴。“十三五”时期，我国的经济总量突破100万亿元大关，人均GDP突破1万美元大关，经济实力、科技实力、综合国力跃上新的台阶。抗击新冠肺炎疫情斗争取得重大战略成果，脱贫攻坚取得全面胜利，中华民族阔步走向全面小康，第一个百年奋斗目标圆满实现。“十三五”时期，以习近平同志为核心的党中央团结带领全党全国各族人民砥砺前行、开拓创新，贯彻落实新发展理念，推进高质量发展，取得决定性成就，实现历史性跨越。“十三五”规划目标已经完成，全面建成小康社会已经胜利，中华民族伟大复兴向前迈出了新的一大步，社会主义中国以更加雄伟的身姿屹立于世界东方。如今，“十四五”已经到来，“十四五”时期是我国全面建成小康社会、实现第一个百年奋斗目标之后，乘势而上开启全面建设社会主义现代化国家新征程、向第二个百年奋斗目标进军的第一个5年，只有开好这个头，我们才能够更好地实现中华民族伟大复兴中国梦。

在不断取得重大成就的同时，我们也要正视国内存在的问题。一是我国社会主义市场经济体制还不完善，改革进入攻坚阶段，深层次矛盾和问题需要解决；二是我国经济结构性矛盾和粗放型经济增长方式尚未根本改变；三是农业基础薄弱的状况还没有根本改变；四是我国自主创新能力亟待提高；五是小康社会水平仍需提高；六是区域、城乡、经济社会发展不平衡现象依然存在；七是我国面临的国际竞争日趋激烈；八是人民群众对发展社会主义民主政治和先进文化提出了更高要求；九是我国人民内部矛盾处于多发时期，社会建设和管理面临一系列新课题；十是社会总体安定团结，同时各种消极腐败现象、各类犯罪活动和各种敌对势力的渗透破坏活动依然严重存在，给社会稳定与和谐带来巨大不利影响。只有正视并解决这些发展中的问题，攻坚克难，我们才能够团结一切力量，劲往一处使，实现更好、更快的发展。

综上所述，我国正处于战略机遇期的环境和条件既有国内的也有国际的，既有历史长期积淀的，也有突发的新挑战。这些因素的有机联系和综合作用构成了对我国有利的发展态势，形成了我国发展的重要战略机遇期。全面地、联系地、动态地看待我国发展的内外部环境，就不难得出“时”与“势”依然在我国这边，我国发展仍处于并将长期处于重要战略机遇期。

【习言习语】

当前和今后一个时期，我国发展仍然处于重要战略机遇期，但机遇和挑战都有新的发展变化。

——2020 年 10 月 26 日，习近平总书记在党的十九届五中全会上的讲话

【深度思考】

我国发展仍然处于重要战略机遇期这一重大判断的依据是什么？

【延伸阅读】

习近平：《在第十三届全国人民代表大会第一次会议上的讲话》，《求是》2020 年第 10 期。

22. 今天所讲的重要战略机遇期和之前相比有什么新的特点？

【学“习”问道】

在党的十九届五中全会上，以习近平同志为核心的党中央在分析发展环境变化的基础上，作出了“当前和今后一个时期，我国发展仍然处于重要战略机遇期，但机遇和挑战都有新的发展变化”这一重大战略判断。那么，今天所讲的重要战略机遇期和之前相比有什么新的特点？

2002 年，党中央作出“二十一世纪头二十年对我国来说，是一个必须紧紧抓住并且可以大有作为的重要战略机遇期”这一重大判断。过去 20 年里，我国积极把握有利的国际环境和发展条件，一跃成为世界第二大经济体，国家实力显著增强、国际地位大幅提升。现在，我们来到“两个一百年”奋斗目标的历史交汇点，亦是战略机遇期的重要关头，而世界正经历百年未有之大变局，竞争与冲突不断加剧，给我国带来了诸多考验与难题，也提供了战略机遇。要想科学理解和充分用好战略机遇期，就必须分析今天所讲的重要战略机遇期和之前相比有什么新的特点。这与我们精准定位、全面把握自身与世界的力量与格局，并科学制定国家发展总体战略，以便可以乘势而为，实现跨越式发展有直接关系。

第一个特点，机遇和挑战前所未有。从国际看，当今世界正经历百年未有之大变局，新冠肺炎疫情全球大流行加速了这个大变局的变化。2020 年新冠肺炎疫情席卷全球，新冠肺炎疫情仍将是今后一个时期影响国际安全的最突出的挑战。影响国家安全的挑战有：中短期内疫苗产能有限、缺口过大，且分配不均，大多数发展中国家的疫苗需求将难以满足；新冠肺炎疫情打击全球粮食供应链，恶化中低层收入群体的生活条件；在新冠肺炎疫情打压下，世界经济重启艰难，全球债务规模不断攀升，加大债务和金融风险；网络黑客等非传统安全威胁增大；全球升温再创新高，极端气候更趋频繁；国际恐怖主义流毒远未肃清，“伊斯兰国”等恐怖组织欲“趁疫打劫”。目前，新一轮科技革命和产业革命正在孕育成长，世界进入以信息产业为主导的经济发展时期，核心技术竞争更加激烈，科技对经济发展的作用更加凸显。而且，随着国际力量对比消长变化，第二次世界大战结束后形成的全球权力和治理格局面临解构和重组，国际经济、科技、文化、安全、政治等格局都在发生深刻调整，世界进入动荡变革期，我们必须在一个更加不稳定、不确定的世界中谋求我国的发展。回顾第一次世界大战结束以来这 100 多年，人类社会经历了 1929—1933 年的经济大萧条，规模空前、破坏程度空前的第二次世界大战，美苏两大阵营 40 多年的冷战，20 世纪 70 年代末 80 年代初以来 30 年经济全球化的快速发展，2008 年发生的百年一遇的国际金融危机，以及前所未有的新冠肺炎疫情全球大流行及其产生的严重影响。100 多年来，在战争与和平、动乱与治理、进步与倒退、合作与对抗、开放与封闭的反复较量中，人类社会前进的脚步从未停止。虽然当前国际环境日趋复杂，不稳定性、不确定性明显增加，经济全球化进程出现深刻调整，全球治理体系面临重塑，国际格局加速演变，世界进入动荡变革期，但和平与发展仍然是时代主题，深入人心的人类命运共同体理念给人类社会发展带来新的希望和信心。

从国内看，党的十八大以来，在以习近平同志为核心的党中央坚强领导下，全面深化改革取得重大突破，全面依法治国取得重大进展，全面从严治党取得重大成果，国家治理体系和治理能力现代化加快推进，中国共产党的领导和我国社会主义制度优势进一步彰显，经济实力、科技实力、综合国力和人民生活水平跃上新的大台阶，全面建成小康社会取得伟大历史性成就。目前，我国已进入新发展阶段，拥有显著的制度优势、雄厚的物质基础、丰富的人力资源、完整的产业体系、强大的科技实力、广阔的市场空间、强劲的发展韧性，具备在危机中育先机、于变局中开新局、开启全面建设社会主义现代化国家新征程的有利条件和坚实基础。同时，我国发展不平衡不充分问题仍然突出，重点领域关键环节改革任务仍然艰巨。2021 年，我们全面建成小康社会，并在此基础上开启了全面建设社会主义现代化国家新征程，各方面的任务可以说十分艰巨而繁重。

第二个特点，危中有机，危可转机。“彩虹和风雨共生，机遇和挑战并存，这是亘古不变的辩证法则。”世界上没有纯粹的机遇，机遇与挑战是一对矛盾，甚至是合为一体的。在全球化深入发展的今天，中国与世界的相互关联日益增长，相互影响不断加深。中国的发展是世界的机遇，世界的发展也是中国的机遇，中国与世界各国在发展和利益上的共享性显著增强。世界百年未有之大变局在本质上是国际秩序的大发展、大变革、大调整，必然涉及国际权力、利益和规则的再分配、再调整，其间自然充满着矛盾、分歧和斗争，可能伴随着困难、反复与挫折，因而给世界带来诸多不确定性、不稳定性因素。在新冠肺炎疫情全球大流行背景下，国际经济、政治、安全、文化格局正在发生深刻演变，世界进入动荡变革期。今后一段时期，我们将面对更多逆风逆水的外部环境，必须做好应对一系列新风险、新挑战的充分准备。2021 年我国彻底消除绝对贫困人口，经济实力和综合国力跃上新台阶，为向第二个百年奋斗目标进军、开启全面建设社会主义现代化国家新征程奠定了坚实基础，中华民族伟大复兴向前迈出了新的一大步。

我国已转向高质量发展阶段，继续发展具有多方面优势和条件，同时发展不平衡不充分问题仍然突出，重点领域关键环节改革任务仍然艰巨。贯彻落实党的十九届五中全会精神，在“十四五”期间必须坚持创新在我国现代化建设全局中的核心地位；加快发展现代产业体系，推动经济体系优化升级；形成强大国内市场，构建新发展格局；全面深化改革，构建高水平社会主义市场经济体制；优先发展农业农村，全面推进乡村振兴；优化国土空间布局，推进区域协调发展和新型城镇化；繁荣发展文化事业和文化产业，提高国家文化软实力；推动绿色发展，促进人与自然和谐共生；实行高水平对外开放，开拓合作共赢新局面；改善人民生活品质，提高社会建设水平；统筹发展和安全，建设更高水平的平安中国；加快国防和军队现代化，实现富国和强军相统一。

我们要统合国内外发展的积极因素，正确认识和把握国内外大势，勇于开拓创新，奋勇前进，化挑战为机遇，构建以国内大循环为主体、国内国际双循环相互促进的新发展格局。我们要明确推动高质量发展，深化供给侧结构性改革，把科技自立自强作为国家发展的战略支撑、把扩大内需作为战略基点、把新发展理念贯彻到发展各领域和全过程，统筹发展与安全。我们要牢牢把握发展主动权，重塑竞争新优势，确保中国发展行稳致远。我们要更加紧密地团结在以习近平同志为核心的党中央周围，增强“四个意识”，坚定“四个自信”，做到“两个维护”，同心同德，再接再厉。这样，我们就一定能够战胜前进道路上出现的各种艰难险阻，不断夺取全面建设社会主义现代化国家新胜利！

【习言习语】

进入新发展阶段，国内外环境的深刻变化既带来一系列新机遇，也带来一系列新挑战，是危机并存、危中有机、危可转机。我们要辩证认识和把握国内外大势，统筹中华民族伟大复兴战略全局和世界百年未有之大变局，深刻认识我国社会主要矛盾发展变化带来的新特征新要求，深刻认识错综复杂的国际环境带来的新矛盾新挑战，增强机遇意识和风险意识，准确识变、科学应变、主动求变，勇于开顶风船，善于转危为机，努力实现更高质量、更有效率、更加公平、更可持续、更为安全的发展。

——2020 年 8 月 24 日，习近平总书记在经济社会领域专家座谈会上的讲话

【深度思考】

今天所讲的重要战略机遇期和之前相比有什么新的特点?

【延伸阅读】

习近平:《关于〈中共中央关于制定国民经济和社会发展第十四个五年规划和二〇三五年远景目标的建议〉的说明》,《人民日报》2020 年 11 月 4 日第 2 版。

23. 当今世界存在修昔底德陷阱吗?

【学“习”问道】

近年来，谈及中美关系时经常有一个话题就是中美如何避开修昔底德陷阱。修昔底德陷阱这一说法源自古希腊著名历史学家修昔底德的观点。这位历史学家认为，新兴大国和守成大国之间的挑战多数以战争告终。随着中国的发展和世界局势的变化，中美之间的竞争也在加剧，那么，当今世界存在修昔底德陷阱吗?

2400 多年前，西方文明发源地希腊爆发伯罗奔尼撒战争。对此，古希腊历史学家修昔底德认为，雅典的日益壮大引起斯巴达的恐惧，最终引发战争。据此，一些西方学者认定，新兴大国与守成大国之间必有一战。这种逻辑就是修昔底德陷阱。一些西方学者认为中美关系也难以跳出这一逻辑。哈佛大学教授格雷厄姆·艾利森在《注定一战：中美能避免修昔底德陷阱吗？》一书中，总结了 1500 年以来的 16 次大国崛起的案例，得出结论：这 16 次大崛起中，有 12 次是以战争为结局，只有 4 次是和平过渡，和平过渡的案例中有 2 例发生在二战之后。在艾利森教授看来，修昔底德陷阱的发生似乎有很大的概率，所以我们应该极力避免。我们从艾利森教授那里也得到两点启发，其一是修昔底德陷阱理论已经越来越不适应现代社会，其二是修昔底德陷阱是可以避免的。正如习近平总书记指出的："世界上本无'修昔底德陷阱'，但大国之间一再发生战略误判，就可能自己给自己造成'修昔底德陷阱'。"

从认识论看，即使历史上曾发生过强国相斗、国强必霸之类的现象，但不能据此推导出现在和今后一定会如此的结论。从历史事实看，近代以后，西方主导的世界秩序以"丛林法则""零和博弈"为主基调，但第二次世界大战结束以来没有发生过大国之间的全面战争。虽然世界上局部战争时有发生，但无论西方世界领导权从英国转移至美国，还是冷战结束、新秩序构建，都没有以暴力方式出现。中国延续改革开放以来的良好发展势头，持续推进中华民族伟大复兴，尤其需要长期稳定的国际和平环境。从当前和未来看，世界日益成为"地球村"。尽管近年来世界经济增长乏力，贫富分化严重，地区热点问题此起彼伏，各种非传统安全威胁持续蔓延，一些国家出现贸易保护、社会排外、政治保守等倾向，但世界多极化、经济全球化、社会信息化、文化多样化的发展趋势并未改变，世界各国各地区越来越成为你中有我、我中有你的命运共同体。从中国与各国的关系看，改革开放以来，无论是与美国等西方大国，还是与俄罗斯、印度等金砖国家，中国既没有主观意图也没有客观利益需要通过与其发生冲突来换取自身发展和安全。相反，中国高举和平、发展、合作、共赢的旗帜，恪守维护世界和平、促进共同发展的外交政策宗旨，坚定不移在和平共处五项原则基础上发展同各国的友好合作，推动建设相互尊重、公平正义、合作共赢的新型国际关系，逐步走出一条完全可以跨越修昔底德陷阱的大国关系之路。

中国能够崛起并快速发展与它悠久的历史有关。这虽不可避免地引起美国等国的注意，但中国领导人对发展中美两国新型大国关系的多次阐述皆是中方努力减轻美方疑虑与恐惧的一种有益尝试，中国屡次强调自身的和平崛起不会对美方产生威胁，并希望通过多方的合作，努力架构和平共赢的和谐世界。应该说，在当今各国领导人的带领下，凭借世界人民的努力，中国避免落入修昔底德陷阱，各国共同和平发展是完全可能的。

中美关系根本不同于历史上新兴大国与守成大国之间的关系。从某种意义上说，中国快速发展属于世俗文明的复兴，既不是一种宗教性文明挑战另一种宗教性文明，也没有进入西方零和博弈轨道。作为世俗文明的中华文明，具有极强的包容性、学习性，没有西方文明那种称霸世界的“普世文明”基因。实际上，中华文明从无主动挑战他国的基因。中华文明渊源于农耕文明，中国实行社会主义，根本区别于西方资本主义，从来不搞所谓“普世文明”和武力扩张。这是中国提出构建新型国际关系的文明底蕴。还应看到，中美两国分别为发展中国家和发达国家，其结构性权力不同，不存在“老大与老二”的逻辑，也不会构成修昔底德陷阱预言的权力转移。最近几十年的国际关系演变证明，中国是现行国际体系的参与者、贡献者和改革者，而绝非对抗者、颠覆者。中国提出构建新型国际关系、中国持续快速发展使构建新型国际关系成为可能。

当今世界，和平、发展、合作、共赢已成为时代潮流。冷战思维、零和博弈的老框框必须摒弃。尽管天下仍不太平，小规模的地区性冲突乃至局部战争时起时伏，但世界范围的大战始终没有打起来，越来越多的国家选择坐下来谈判磋商以解决纠纷。中美都曾饱受战争之害，战争只会带来灾难和痛苦。中国人深知和平的宝贵，渴望实现中华民族伟大复兴的中国梦。这是人民的梦，必须同中国人民对美好生活的向往结合起来才能成功。它与“美国梦”也是相通的，中美友好的动力和根基在人民。2015 年 9 月 22 日，国家主席习近平在华盛顿州当地政府和美国友好团体联合欢迎宴会上的演讲表示，发展依然是当代中国的第一要务，中国执政者的首要使命就是集中力量提高人民生活水平，逐步实现共同富裕。他同时强调，中国愿同各国一道，构建以合作共赢为核心的新型国际关系，以合作取代对抗，以共赢取代独占，树立建设伙伴关系新思路，开创共同发展新前景，营造共享安全新局面。中国不是雅典，美国也不是斯巴达。中美都面临时代赋予的机遇，中国的崛起不意味着美国的终结。

中美之间有着巨大的战略缓冲区域，宽阔的太平洋使得两个国家很难直接爆发冲突。合作是符合双方利益的唯一正确选择。双方都认识到，亚太不应成为中美互相角力的角斗场，而应成为中美加强协调配合的合作社，这符合两国的共同利益。中美关系超越双边关系，体现全球意义。两国都是当今国际秩序和国际体系的重要参与者和支持者。在国际和地区事务中，中美互动合作越来越多。就中美双边关系而言，中美相互依存度还在增加，经济上相互依赖并不能保证避免冲突，但确实是阻止冲突的重要力量。中国经济繁荣符合美国利益，反之亦然。从国际层面讲，世界日益增长的对公共产品的期待是中美合作的不竭动力。不存在中美合作达到极限一说。世界性问题与挑战有多大，中美在国际和地区问题上合作的空间就有多大。

中美关系健康发展最能依赖的路径，就是双方经过一系列非常具体的事务性合作而首先建立起一种“功能性伙伴关系”，然后在大规模、多层次的接触中共同探索出一条新型大国关系之路。中美新型大国关系可行、可期。世界不仅无法承担中美冲突、对抗的代价，甚至无法承担中美不合作的后果，中美合作是全球治理的必要条件。世界要实现和平稳定发展，中美必须合作。中美合作是互补发展、相互依存的必然结果，也是超越双边、利好世界的客观要求。面对世界日益增多且复杂的问题与挑战，中美作为大国，肩负着促进全球经济增长以及构建更加公正合理的全球治理体系的重大责任。中美合作可以提供国际公共产品，维护国际与地区秩序稳定。中美两国是全球公共领域的利益攸关方，维系全球稳定与安全，两国可谓责无旁贷。

由于中美两国历史文化背景不同，社会制度、发展阶段各异，两国间难免存在这样那样的矛盾，所以两国在海上争议、网络安全等具体问题上出现分歧也是自然的。出现分歧并不可怕，重要的是要有效管控分歧，避免战略误判。正如习近平主席所言，双方应该相互尊重、求同存异，采取建设性方式增进理解、扩大共识，努力把矛盾点转化为合作点。两国必须平等互谅，学会相互尊重。只有相互尊重彼此的主权和领土完整，尊重彼此的社会制度和发展道路，尊重彼此的核心利益和重大关切，中美关系才能抵御风吹雨打。美国领导人多次强调，欢迎一个强大、繁荣、稳定的中国。现在是把这一重要表态变为实际行动的时候了。“人但有追求，世界亦会让路。”中美再次来到了关键的历史当口，没有理由不抓住天时、地利、人和三重有利因素，携手打破历史怪圈。用新型大国关系终结修昔底德陷阱，将是中美携手献给世界未来和人类智慧的最好礼物。

基于中国稳定快速发展的事实与全球各国急需合作的现实，修昔底德陷阱并不会产生什么影响，各国之间应相互合作，抓住互惠共赢的机会，在发展本国利益的同时构建全球发展体系，共同维护全球稳定，营造一个互惠共利的大环境。

【习言习语】

国家之间要构建对话不对抗、结伴不结盟的伙伴关系。大国要尊重彼此核心利益和重大关切，管控矛盾分歧，努力构建不冲突不对抗、相互尊重、合作共赢的新型关系。只要坚持沟通、真诚相处，“修昔底德陷阱”就可以避免。

——2017 年 1 月 18 日，国家主席习近平在瑞士日内瓦万国宫出席“共商共筑人类命运共同体”高级别会议时发表的题为《共同构建人类命运共同体》的主旨演讲

【深度思考】

当今世界存在修昔底德陷阱吗?

【延伸阅读】

习近平:《共同构建人类命运共同体》,《求是》2021 年第 1 期。

24. 为什么说没有社会主义文化繁荣发展就没有社会主义现代化？

【学“习”问道】

2020年，习近平总书记在教育文化卫生体育领域专家代表座谈会上的重要讲话指出，中国特色社会主义是全面发展、全面进步的伟大事业，没有社会主义文化繁荣发展，就没有社会主义现代化。这彰显了社会主义文化在党和国家全局工作中的重要地位，在新时代坚持和发展中国特色社会主义中的重要作用。那么，应该怎么理解没有社会主义文化繁荣发展就没有社会主义现代化这一命题呢？

文化是综合国力的重要组成部分，中国要强，文化必须强。推进社会主义文化强国建设，应从党和国家事业发展全局的高度，充分认识文化建设的战略意义。2020年，习近平总书记在教育文化卫生体育领域专家代表座谈会上强调：“中国特色社会主义是全面发展、全面进步的伟大事业，没有社会主义文化繁荣发展，就没有社会主义现代化。”从统筹推进“五位一体”总体布局、协调推进“四个全面”战略布局看，文化是重要内容；从推动高质量发展看，文化是重要支点；从满足人民日益增长的美好生活需要看，文化是重要因素；从战胜前进道路上各种风险挑战看，文化是重要力量源泉。只有采取切实有效的措施推动中国特色社会主义文化繁荣发展，在正本清源、守正创新中打开文化建设新局面，才能不断满足人民群众的美好生活需要，为经济社会发展凝魂筑魄，为民族复兴蓄势添力。

社会主义文化繁荣是建设社会主义现代化强国的重要维度。首先，文化是一个民族的根与魂。基于特定生产、生活方式而产生的文化认同，是维系特定民族共同体的强大纽带。中华民族数千年来之所以能够历经磨难而不衰、千锤百炼更坚强，根本上还是在于它深入骨髓、一脉相承的文化基因。对于今天的中华民族而言，马克思主义就是意识形态领域处于主导地位的文化观念，而习近平新时代中国特色社会主义思想就是全党全国各族人民团结奋斗的共同思想基础。其次，文化的力量越来越成为综合国力竞争的关键因素。当今世界，基于价值观念、民族精神、创新能力、生产能力、影响力、话语权等文化软实力的较量日益凸显，甚至成为决定大国博弈最终胜负的关键因素。在全面建设社会主义现代化国家的新发展阶段，我国面临统筹做好发展和安全这两件大事的历史任务，体现在文化建设上，就是必须在坚守文化安全的前提下，进一步做大做强文化事业和文化产业。最后，文化自信是更基本、更深沉、更持久的力量。一个国家的现代化，或者一个民族走向复兴，绝不仅是物质层面的积累，根本上还是要在精神上、观念上走向健全、强大。文化自信是更基础、更广泛、更深厚的自信，也是更基本、更深沉、更持久的力量。

这就深刻揭示了“文化自信”对于国家发展以及培育民族精神的极端重要性。为此，就要坚定文化自信，推动中华优秀传统文化创造性转化、创新性发展，继承革命文化，发展社会主义先进文化，不断铸就中华文化新辉煌，建设社会主义文化强国。

实践证明，社会主义文化建设引领社会发展取得成就。第一，发挥了思想引领作用。近年来，在习近平新时代中国特色社会主义思想的指引下，党和政府紧扣我国社会主要矛盾的转变，坚持以不断满足人民美好生活的需要为主旨，着力解决文化领域不平衡不充分发展的矛盾问题，各项工作取得了新成效。以“两个巩固”的加强为主线，以国民素质的提高为根本，以伟大抗疫精神的形成为重大标志，以新时代文明实践中心的创建为重要载体，我国文化建设迈上了一个新台阶，社会文明程度达到新的高度。第二，更加坚定了文化自信。我们党从号召全党学懂弄通做实习近平新时代中国特色社会主义思想到推动这一党的创新理论“走入寻常百姓家”，从推动中华优秀传统文化创造性转化、创新性发展到传承红船精神、井冈山精神、延安精神、抗战精神、西柏坡精神等革命文化，让红色基因代代相传，再到弘扬抗美援朝精神、“两弹一星”精神、塞罕坝精神、抗洪精神等社会主义先进文化，以爱国主义、社会主义、集体主义为主线的社会主义核心价值观成为高扬的时代主旋律。尤其是通过这次新冠肺炎疫情的生死考验，中国人民和中华民族铸就了“生命至上、举国同心、舍生忘死、尊重科学、命运与共”的伟大抗疫精神，从中折射出的是空前高涨的民族自豪感以及强大凝聚力和向心力。第三，推动了教育事业蓬勃发展。党的十八届三中全会以来，我们党加强对教育工作的全面领导，部署推进教育领域综合改革，中国特色社会主义教育制度体系的主体框架基本确立，一些长期制约教育事业发展的体制机制障碍得到破解，一大批基层改革创新的经验做法不断涌现，教育面貌正在发生格局性变化。第四，丰富了人民精神文化生活。近年来，在中央有关部门统筹实施下，以新时代文明实践中心的创建为物质载体，覆盖城乡、便捷高效、保基本、促公平的现代公共文化服务体系基本建成，公共文化服务网络更加完善，公共文化服务效能和水平显著提高，人民各项文化权益得到有效保障，参与文化建设各项事务的主动性、积极性和创造性得以空前激发。

科学认识新发展阶段的文化建设战略地位。其一，统筹推进"五位一体"总体布局、协调推进"四个全面"战略布局，文化是重要内容。在"五位一体"总体布局中，"文化"是处于基础性、先导性地位的因子，对"经济"等其他四个方面发挥着方向指引、精神动力和思想保证等作用。在"四个全面"战略布局中，从"全面建设社会主义现代化国家"看，这个"全面"说明，文化事业、文化产业上的繁荣发展以及国家文化软实力的大幅度提升等当然是必不可少的。从"全面深化改革"看，改革内容不只是指哪一个或几个方面，而是涉及经济、政治、文化等全方位、各领域；对于文化而言，又涉及教育、体育、科学等部门。从"全面依法治国"看，无论是在立法、司法、执法还是守法诸环节，相应的法治文化都是至关重要的。从"全面从严治党"看，积极健康的党内政治生态的形成是根本和关键，而风清气正的党内政治文化是根本之根本、关键之关键。其二，推动高质量发展，文化是重要支点。习近平总书记指出，经济、社会、文化、生态等各领域都要体现高质量发展的要求。高质量发展重在质量变革、效率变革、动力变革，要害是发展方式的转变。发展方式涉及生产、生活、思维方式、价值观念等诸方面，绝不仅仅是经济领域的事情。纵观当今世界一些发达国家推进工业化、现代化的实践进程和战略指向，科技因素固然非常重要，但文化认同、国民素质、创新意识、消费习惯、价值追求等文化因素事实上也发挥着潜移默化甚至越来越重要的作用。另外也要看到，在数字产业化、产业数字化的时代背景下，基于特定思想文化观念的创新、创意等创造性行为，正在成为影响乃至制约国家产业升级的重大变量。其三，满足人民日益增长的美好生活需要，文化是重要因素。相比于人民对美好生活的需要，我国发展中的不平衡不充分之处很多，而“文化”和“精神”层面是重要一点。改革开放之初，我们说“贫穷不是社会主义”，后来又有“精神空虚也不是社会主义”的认识。经过40多年的艰苦努力，我国在取得经济快速发展和社会长期稳定“两大奇迹”的同时，在繁荣发展社会主义先进文化方面也取得了引人注目的成绩。但总体来看，比较于经济等物质生活领域，文化建设的力度亟待进一步加大。大力发展文化事业和文化产业，为人民日益增长的美好生活需要提供更多更优质的文化产品，也就成为新发展阶段的必然之举。其四，战胜前进道路上各种风险挑战，文化是重要力量源泉。文化是凝聚一个民族的心理纽带，也是面对艰难险阻、战而胜之的强大精神力量。面对不确定性、不稳定性日益增长的外部环境，究竟应如何有理有利有节地予以因应，最大限度地化解之，是一个政治层面的严峻挑战，也是一个精神文化乃至哲学层面的考验。在世界百年未有之大变局和中华民族伟大复兴的战略全局复杂交织下，面对面目狰狞、穷凶极恶的反动势力，要想战而胜之，除了要有强大的实力作为基础，还必须有“同自己的敌人血战到底的气概，有在自力更生基础上光复旧物的决心，有自立于世界民族之林的能力”。

政治是骨骼，经济是血肉，文化是灵魂，文化与经济、政治相互交融、相互渗透。党的十八大以来，中国梦和社会主义核心价值观不断深入人心，优秀文化产品层出不穷、广受欢迎，文学艺术、新闻出版、广播影视事业繁荣发展，传统文化传承和文化遗产保护得到前所未有的重视……在以习近平同志为核心的党中央坚强领导下，文化建设被提升到一个新的历史高度加以推进，为新时代坚持和发展中国特色社会主义、开创党和国家事业全新局面提供了强大正能量。

【习言习语】

我们要坚持马克思主义在意识形态领域指导地位的根本制度，坚持为人民服务、为社会主义服务，坚持百花齐放、百家争鸣，坚持创造性转化、创新性发展，以社会主义核心价值观为引领，发展社会主义先进文化，弘扬革命文化，传承中华优秀传统文化，满足人民日益增长的精神文化需求，巩固全党全国各族人民团结奋斗的共同思想基础，不断提升国家文化软实力和中华文化影响力。

——2012 年 10 月 16 日，习近平总书记在中国共产党第二十次全国代表大会上的报告

【深度思考】

为什么说没有社会主义文化繁荣发展就没有社会主义现代化？

【延伸阅读】

习近平：《坚定文化自信，建设社会主义文化强国》，《求是》2019 年第 12 期。

25. 为什么说掌握网络意识形态主导权就是守护国家的主权和政权?

【学"习"问道】

意识形态工作是党和国家工作的重要组成部分，在中国特色社会主义事业全局中具有重要地位。当今世界，网络是意识形态传递的主要渠道，网络空间正成为争夺意识形态话语权的"主战场"，谁拥有网络空间意识形态领域的话语优势，谁就拥有意识形态的主动权。为什么说掌握网络意识形态主导权就是守护国家的主权和政权?

意识形态决定文化前进方向和发展道路，对一个政党、一个国家、一个民族的生存发展至关重要。随着新兴媒体的出现、多元社会思潮的冲击、主要矛盾的转化，网络意识形态领域的斗争变得更加复杂，客观上增加了理论甄别的难度。网络阵地已成为意识形态工作的主要阵地与主要渠道，切实提升网络意识形态工作的时效性，是牢牢把握正确的舆论导向，建设具有强大凝聚力和引领力的社会主义意识形态的关键。在网络时代，作为社会主义国家的执政党，不仅要巩固社会主义意识形态在传统意识形态主战场的主导地位，更要高度关注和引领新兴网络意识形态主战场各种意识形态的有序竞争和健康发展。党的十八大以来，以习近平同志为核心的党中央高度重视意识形态工作，就意识形态领域的方向性、根本性、全局性问题作出一系列重要论述和重大部署，进一步明确了意识形态工作的地位作用、目标任务、基本要求和主体责任，为建设社会主义意识形态提供了科学指引。

近年来，受网络信息技术突飞猛进式发展的影响，全球经济社会进入被互联网全面深度“渗透”的新阶段。在这个全球互联、技术赋能的时代，意识形态领域的斗争呈现出前所未有的复杂性：传统现实场域向网络虚拟场域延伸，“线下战”与“线上战”的交织，“明争”向“暗斗”的转向，阶段化斗争向常态化斗争的转变……当前，互联网已成为世界各国竞相抢占的意识形态主战场，较之传统意识形态领域，安全风险发生的概率更大、能级更高。因此，要从总体国家安全观的战略高度来审视提升网络意识形态领域风险防范化解能力的紧迫性和重要性。

习近平总书记强调，互联网已经成为舆论斗争的主战场。在这个战场上，我们能否顶得住、打得赢，直接关系我国意识形态安全和政权安全。互联网作为最大的信息集散地，集纳了多元主体、多元文化、多元思潮，使得主流意识形态在网络中面临多种挑战，网络意识形态发展趋向多样化和复杂化，舆论引导难度不断加大。客观理性地认识当前网络意识形态的发展状况，掌握网络意识形态的发展动向，有效防范网络意识形态面临的风险，维护好网络意识形态安全，对于推动国家治理体系和治理能力现代化，维护社会和谐稳定发展和国家长治久安具有重要意义。

目前，我国网络意识形态领域存在诸多问题，网络空间的信息技术迭代升级速度空前，各种崭新的媒介形式层出不穷，信息传播格局在解构的同时不断被重塑。新兴媒体自身的即时性、互动性等特征有利于各种思潮和主张在网络空间中传播、博弈和斗争。各种细分的思想格局也愈发活跃，并持续发力，为网络舆情管控带来新挑战。移动新媒体传播过程中的标签化、标题党和群体极化特点，所带来的新闻失实、信息失真、断章取义、谣言乱飞等现象仍时有出现，加大了多种思潮的冲突。目前网上的主流意识形态内容的有效供给不足，多元社会思潮纷争可能性加大，易对主流意识形态造成威胁。错误思潮借机发力攻击国家体制机制。别有用心之人利用网上错误、有害思潮，浑水摸鱼、混淆视听，质疑乃至攻击国家现行制度。技术的进步促进了网民的自我赋权，网民能够更加便捷地加入到网络舆论的讨论当中，且常常由于情感共鸣或共同的价值认同而汇聚成群体表达。然而，在讨论过程中，群体情绪的极化倾向容易导致群体意识“失焦”，将关注焦点从事件本身延伸到其他领域，造成舆论讨论泛化。舆情事件时有发生，不断进入公众视野，其中不乏一些非马克思主义甚至反马克思主义的意识形态热点舆情事件，持续影响和冲击民众对政府的信心，大肆宣扬同主流意识形态相悖的思潮，使社会主流意识形态面临巨大风险。

信息网络时代维护国家意识形态安全，必须加强主流媒体对网络话语的引导。要运用信息革命成果，推动媒体融合向纵深发展，做大做强主流舆论，发挥主流意识形态网络话语对公众网络生活的正向引领作用。要结合网民的实际需要，关注网络话语走向及呈现的特性，及时提供网民关心的重要讯息，及时解答网民关心的各种问题，保证网民的知情权，从而使其接纳和认可政府所传递的讯息。要提高领导干部“治网”水平，打造一支网络技术运用熟练、知识储备水平高的复合型人才队伍。

切实加强网络意识形态建设治理。注重增加网上内容有效供给，不断增强网络意识形态内容的传播力、感染力和影响力。充分调动多元社会主体参与网络意识形态内容建设，传播好社会主义核心价值观。因地制宜分类实施，针对不同区域、不同对象的内容建设标准与关注点的不同，准确把握不同网民对网络意识形态的参与度、关注度，精准正向创新网上内容传播。在党和政府的统筹规划布局下，要落实好各传播主体责任制，尤其要加强对主流社交媒体、知识社区等商业平台的内容治理，用好新兴技术手段，紧盯社交网络新应用领域潜在风险。厘清、调整有关网络意识形态安全各项法律法规关系，为新时代网络意识形态管理提供可靠制度保障。重点整治网络意识形态领域突出问题，严厉打击各类网上违法违规行为，营造清朗的网络空间。

注重国际舆论场的整体战略布局。做好国际媒体与知名互联网企业工作，有效利用世界互联网大会等主场会议，通过“走出去”的媒体、企业、学者等，以及网络平台、技术、资本、广告的海外输出，深入所在国家和地区，发掘深耕人脉，发出中国声音，深化中国认同。既要面对西方国家，也要放眼重要周边国家和广大第三世界国家，加强全球网络舆论场建设。通过党政机关、主流媒体在海外的社交媒体账号，及时澄清事实，答疑解惑，讲好中国故事，宣传发展成就、对外政策，吸引海外网民、媒体积极参与讨论。参与网络空间的全球治理，推介中国方案。

积极推进全民网络意识形态教育，及时化解网络意识形态风险。网络意识形态教育旨在通过培育网民养成良好习惯，使"四个自信"更加深入人心、渗透生活，这是一项构建网上网下同心圆的战略工程。对全民普及网络意识形态教育，使民众认识、理解并遵守意识形态的主要内容、基本底线和社会责任，实现知识系统、价值系统和信仰系统的传播统一。注重对网络意识形态领域主流群体和重点群体的培养，做好全国党员和共青团员的教育，培养青年大学生等后备力量，有效夯实网上意识形态基础。

习近平总书记强调，能否做好意识形态工作，事关党的前途命运，事关国家长治久安，事关民族凝聚力和向心力。随着世情、国情、党情的深刻变化，宣传舆论工作面临许多新挑战、新考验。我们必须主动适应国内外舆论环境变化，遵循新形势下新闻传播规律，因势而谋、应势而动、顺势而为，不断提升新闻宣传工作水平，牢牢掌握舆论工作主动权和主导权，充分发挥新闻宣传统一思想凝聚力量、鼓舞人心振奋精神、促进发展维护稳定的积极作用，为实现"两个一百年"奋斗目标和中华民族伟大复兴的中国梦提供重要精神动力和有力舆论支持。

【习言习语】

网络意识形态安全风险问题值得高度重视。网络已是当前意识形态斗争的最前沿。掌握网络意识形态主导权，就是守护国家的主权和政权。各级党委和党员干部要把维护网络意识形态安全作为守土尽责的重要使命，充分发挥制度体制优势，坚持管用防并举，方方面面齐动手，坚决打赢网络意识形态斗争，切实维护以政权安全、制度安全为核心的国家政治安全。

——习近平：《习近平关于网络强国论述摘编》，中央文献出版社，2021。

【深度思考】

为什么说掌握网络意识形态主导权就是守护国家的主权和政权？

【延伸阅读】

习近平：《加快推动媒体融合发展 构建全媒体传播格局》，《求是》2019年第6期。

26. 如何理解党性和人民性从来都是一致的、统一的？

【学“习”问道】

党性和人民性的关系，本来是一个有着明确答案的问题。然而，在一些人那里，却变得“复杂而敏感”。比如，有人会问：你是替党讲话，还是替老百姓讲话？你是站在党的一边，还是站在群众一边？有人还振振有词地说，人民群众人数超过党员，所以人民性大于党性。这种似是而非的说法，把党性和人民性割裂开来、对立起来，搞碎片化，在理论上是错误的，在实践上也是有害的，必须加以廓清和纠正。那么，如何理解党性和人民性的关系呢？

党性与人民性从来都是一致的、统一的。这不是一个简单的政治论断，而是根据历史唯物主义得出的科学结论。共产党的党性和人民性的统一，是马克思主义的一个基本观点。所谓党性，是一个政党固有的本性，是阶级性最高和最集中的表现。所谓人民性，是基于人民利益的角度而言的。人民性包括三层含义，即人民的整体利益需求、集体意志表达以及权利诉求。坚持人民性，就是捍卫人民的根本利益，实现好、维护好、发展好最广大人民的根本利益。党性和人民性本来是两个互不搭界、各有使用范围的概念，只有在马克思主义政党诞生以后才第一次实现了统一。二者统一的前提条件是马克思主义政党的出现，共产党的党性和人民性的统一是马克思主义的一个基本观点。

中国共产党的党性是人民性最高最集中的表现形式。党性和人民性关系的本质，源自党和人民的关系。中国共产党的党章规定，中国共产党是中国工人阶级的先锋队，同时是中国人民和中华民族的先锋队，代表中国最广大人民的根本利益。党以全心全意为人民服务为根本宗旨，党除了工人阶级和最广大人民群众的利益，没有自己特殊的利益。在我们党看来，人民的利益就是党的利益，为人民谋利益就是党的初心和使命。从历史上看，我们党从成立之日起，就把人民利益深深镌刻在自己的旗帜上。百年来，从艰苦卓绝的革命年代，到筚路蓝缕的建设年代，再到风雷激荡的改革年代，我们党之所以能一路攻坚克难、书写辉煌，靠的就是党和人民始终在一起，靠的就是人民对党信任拥护、不离不弃。在实现中华民族伟大复兴的道路上，党和人民始终是命运共同体，这一点毋庸置疑。党和工人阶级以及人民大众的关系本质启示我们，党性和人民性本来就是不可分割的，党性来自人民性，是人民性最高最集中的表现形式，坚持党性原则，也就是坚持工人阶级和人民大众的根本利益的原则。中国共产党是在马克思列宁主义指导下创建起来的，中国共产党创造性地继承和发展了马克思列宁主义建党学说。我们党所说的党性，是中国工人阶级和中国人民阶级性、先进性、群众性最高和最集中的表现。

党性和人民性不容分割。党性和人民性都是整体性的政治概念，党性是就全党而言的，人民性也是就全体人民而言的。不能简单地从某一级党组织、某一部分党员、某一个党员来理解党性，也不能简单地从某一个阶层、某部分群众、某一个具体人来理解人民性。只有站在全党和全体人民根本利益的立场上，才能真正把握好党性和人民性的关系。一段时间以来，在党性和人民性的关系问题上，出现了这样那样的模糊认识和错误观点，有人还提出了一些似是而非、混淆视听的说法，必须予以廓清和纠正。比如，有人会问：你是替党讲话，还是替老百姓讲话？你是站在党的一边，还是站在群众的一边？在这种人看来，党是党，人民群众是人民群众，实际上是把党和人民、把党性和人民性割裂开来、对立起来了。这种人根本不懂得共产党的起码党性，不懂得党和人民关系的基本道理。对于处于执政地位的中国共产党来说，最大的危险就是脱离群众，马克思主义经典作家和领袖们反复告诫说，这往往就是失败和衰落的前奏，会使党陷入巨大的危机之中。再比如，有人振振有词地说，人民群众人数超过党员人数，所以人民性大于党性、高于党性。这种观点在理论上是荒谬的，在实践上是有害的。简单以人数计量党性和人民性的地位高低，是对所涉及的所有概念和理论都作了庸俗化的理解。按照这样的观点，共产党就不会产生，也没有存在的根据和意义；同样，世界上所有的政党，都没有产生、存在的根据和意义了。所谓人民性高于党性的观点，从根本上违背了唯物史观，违背了马克思主义关于群众、阶级、政党的关系学说，也违背了世界上大多数的政党理论。在当下中国，真正能够代表人民，把人民群众的个体利益和集体利益、局部利益和整体利益、眼前利益和长远利益统一起来的，不是那些在口头上高喊人民性、宣称“为民代言”“为民请命”，实际上打着个人和小团体算盘的各式人等，而是顺应历史潮流，团结带领中国人民在历史正轨上奋斗前进的中国共产党。

坚持党性和人民性相统一，是新时代加强党的政治建设的重要方面。我们党是全心全意为人民服务、代表中国最广大人民根本利益、来自人民为了人民的马克思主义政党。从本质上说，坚持党性就是坚持人民性，坚持人民性就是坚持党性，党性寓于人民性之中，没有脱离人民性的党性，也没有脱离党性的人民性。新时代，坚持中国共产党的党性，就是要坚持以党的旗帜为旗帜、以党的方向为方向、以党的意志为意志，始终做到在党言党、在党忧党、在党为党，任何时候都与党同心同德。新时代，坚持中国共产党的人民性，就是要坚持以人民为中心，立党为公、执政为民，践行全心全意为人民服务的根本宗旨，树立真挚的人民情怀，把人民放在心中最高位置，始终相信人民，紧紧依靠人民，把人民对美好生活的向往作为奋斗目标。

党性和人民性的关系，是意识形态领域关乎舆论导向的重大问题，只有处理好二者的关系，宣传思想工作者才能明确方向、站稳立场。“党性和人民性从来都是一致的、统一的。”习近平总书记的话，重申了坚持党性和人民性相统一的原则，为宣传思想工作在新的历史时期、在新的舆论格局中更好地体现党的主张、更好地反映人民心声指明了方向。做好宣传思想工作，必须讲党性和人民性。坚持党性，核心就是坚持正确的政治方向，站稳政治立场，坚定宣传党的理论和路线方针政策，坚定宣传中央重大工作部署，坚定宣传中央关于形势的重大分析判断，坚决同党中央保持高度一致，坚决维护中央权威。这是大原则，决不能动摇。宣传思想工作者要增强党的意识，尽职尽责为党和人民的事业服务，坚持什么，反对什么，说什么话，做什么事，都要符合党的要求，真正做到“千磨万击还坚劲，任尔东西南北风”。坚持人民性，就是要把实现好、维护好、发展好最广大人民根本利益作为出发点和落脚点，坚持以民为本、以人为本，解决好“我是谁、为了谁、依靠谁”这个根本问题。要树立以人民为中心的工作导向，把服务群众同教育引导群众结合起来，把满足需求同提高素养结合起来。要坚决克服有些宣传报道脱离生活、不接地气、同群众贴得不够紧的问题，坚决克服一味迎合市场带来的低俗化现象。同时，要看到人民是具体的而不是抽象的，认真研究不同群众的思想文化需求，“一把钥匙开一把锁”。要高度重视知识分子工作，坚持团结引导，加强政治引领和政治吸纳，使更多知识分子参与实际工作，激励他们自觉为实现中华民族伟大复兴的中国梦贡献聪明才智。坚持党性，宣传思想工作才能有明确的立场和指向；坚持人民性，宣传思想工作才能获得活力源泉和动力根基。把党性和人民性统筹好、实践好、统一好，宣传思想工作就能把体现党的主张和反映人民心声统一起来，做到让党放心、让人民满意。

【习言习语】

坚持人民性，就是要把实现好、维护好、发展好最广大人民根本利益作为出发点和落脚点，坚持以民为本、以人为本。

——2013 年 8 月 19 日，习近平总书记在全国宣传思想工作会议上的讲话

【深度思考】

如何理解党性和人民性从来都是一致的、统一的？

【延伸阅读】

习近平：《把宣传思想工作做得更好》（2013 年 8 月 19 日），载《习近平谈治国理政》第一卷，外文出版社，2018，第 153—157 页。

27. 为什么说“党大还是法大”是一个伪命题?

【学“习”问道】

在我国，党与法的关系是依法治国的核心问题，共产党的领导是依法治国的灵魂。在中国，讲到依法治国，很多人会提出这么一个问题：一方面中国共产党是领导核心，另一方面法治强调宪法法律至上，那么党的领导和法治之间到底是什么关系？为什么说“党大还是法大”是一个伪命题？

党法关系是法治与政治关系的集中反映。世上没有无政治的法治，尤其是当今世界，离开政治的法治是根本不存在的。事实证明，每一种法治形态背后都有一种政治逻辑，每一种法治道路中都包含了一种政治立场。习近平总书记站在治国理政的战略高度，敏锐地洞悉到党法关系是依法治国的核心，党的领导是依法治国的灵魂，从而明确指出，“党和法的关系是一个根本问题，处理得好，则法治兴、党兴、国家兴；处理得不好，则法治衰、党衰、国家衰”。他还强调：“党领导人民制定宪法和法律，党领导人民执行宪法和法律，党自身必须在宪法和法律范围内活动，真正做到党领导立法、保证执法、带头守法。”习近平总书记对党的领导与依法治国关系的阐述，是中国特色社会主义新时代法治建设的政治引领。

“党大还是法大”这个命题为什么会出现？之所以产生这种现象，是因为一些干部特别是领导干部法治观念不强，决策不讲程序，办事不依法依规，甚至以言代法、以权压法、徇私枉法。这些都严重影响了公众对法治的信心，使人产生“权比法大”“党比法大”的感受。正如习近平总书记所说：“如果说‘党大还是法大’是一个伪命题，那么对各级党政组织、各级领导干部来说，权大还是法大则是一个真命题。纵观人类政治文明史，权力是一把双刃剑，在法治轨道上行使可以造福人民，在法律之外行使则必然祸害国家和人民。”

“法大于党”命题之所以说是伪命题，正是基于对“党”和“法”相互关系的认识。

第一，在法律与政策的关系中，两者是相辅相成的共存共生关系，不是对立矛盾的关系或“谁大谁小”“谁管谁”的关系。政策是执政党存在的表现形式，政策实施是其实现方式，因而否定或推翻执政党，总是从否定或推翻执政党的政策开始的。“党大还是法大”是“政策大还是法大”的升级版。政策，是执政党和国家为完成一定时期的国家任务而制定的方针性、方向性措施的总称。国家政策有政治政策、经济政策、文化教育政策和社会政策等。在西方国家，几乎所有的立法领域都存在国家政策。在那里，不曾普遍发生“政策是绝对坏的东西”还是“法律是绝对好的东西”之类的争论。国家和法的相互关系原理告诉我们，法是被奉为法律的统治阶级意志，政策是直接实现统治的统治阶级意志，两者都是通过职责机关来维护统治的。在“统治阶级意志”这一点上，法和政策具有高度一致性。法绝不是什么“神的意志”、不是什么“公共意志”，按照列宁的思想，法律“是一种政治措施”。政策是一种政治措施，法律也是一种政治措施，二者相互依存、相互转化。这是说，法律是依据政策制定的，政策是依据法律施行的。这是包括西方国家在内的各国立法的普遍规律。按照法定程序相互转化，正是政策与法律的相互关系机制。政策与法律的统一性，是转化的基础。把法律与政策对立起来，用法律排斥政策，是完全错误的。如果说起初认为“法大于政策”是幼稚认识的话，那么在依法治国的背景下提出“法大于党”，则是把矛头直接指向党的领导的政治煽动。

第二，在党的领导与依法治国的关系中，两者是一致的、缺一不可的关系，摆脱或取消党领导的“依法治国”，只能将中国引向邪路。“依法治国，是党领导人民治理国家的基本方略”，这是党的十五大报告明确提出的，1999 年“依法治国，建设社会主义法治国家”被载入宪法。党的领导、人民当家作主与依法治国三者的有机统一关系，体现了我国社会主义民主政治的特点，是推进依法治国必须坚持的根本原则。“党的领导”，是人民当家作主和依法治国的根本保证；“人民当家作主”，是社会主义民主政治的本质要求；“依法治国”，是党领导人民治理国家的基本方略。实现“人民当家作主”和“依法治国”，必然要求有一个能代表中国广大人民群众的根本利益，能纵览全局并正确反映和妥善处理各种关系和调动各方面力量的政治领导核心。领导我们事业的核心力量是中国共产党。离开党的领导，人民当家作主和依法治国就无从实现。

全面依法治国是中国特色社会主义的本质要求和重要保障。必须把党的领导贯彻落实到依法治国全过程和各方面，坚定不移走中国特色社会主义法治道路，完善以宪法为核心的中国特色社会主义法律体系，建设中国特色社会主义法治体系，建设社会主义法治国家，发展中国特色社会主义法治理论，坚持依法治国、依法执政、依法行政共同推进，坚持法治国家、法治政府、法治社会一体建设，坚持依法治国和以德治国相结合，坚持依法治国和依规治党有机统一，深化司法体制改革，提高全民族法治素养和道德素质。党和法、党的领导和社会主义法治建设是高度统一的。党作为长期执政者，是要为人民谋幸福、为民族谋复兴的；法作为由党的主张转化而来的国家意志，维护的正是广大人民和国家、民族的根本利益。我们强调党的领导是全面领导，自然包括对社会主义法治各领域工作的领导和统筹；同时，社会主义法治也是党高度自觉的法治，具体表现在党领导人民制定宪法法律，党领导人民实施宪法法律，党自身必须在宪法法律范围内活动。

但是，我们党在宪法法律范围内依宪依法治国、依宪依法执政，同西方所谓的“宪政”有着本质不同。马克思主义法治观认为，阶级社会中的法治（法制）都具有政治性、阶级性和法律性的色彩。法治（法制）的政治性是由执政党或者执政集团的纲领、路线、方针、政策等决定并体现出来的重要属性；法治（法制）的阶级性是由统治阶级及其同盟阶级的利益、意志和本质要求所决定并体现出来的重要属性；法律性则是法治（法制）所应当具有的技术特征和文化属性。西方所谓的“宪政”，其实就是两个或多个政党依照本国宪法，通过竞争性选举交替上台、轮流执政，其实质还是资产阶级专政。在我国，中国共产党的领导地位、长期执政地位是由宪法明确规定的，体现的是全体中国人民共同的意愿和选择，任何人以任何借口否定党的领导，都是错误的、有害的，都是违反宪法的，都是绝对不能接受的，而且，党和法之间不存在谁比谁大的问题。在党的领导下依法治国，不能说是“党比法大”；党在宪法法律范围内活动，也不能说是“法比党大”。有人炒作“党大还是法大”问题，实际上是在制造政治陷阱。党与法、法治与政治，是相互依托、共存共生的。正如习近平总书记所说：“我们说不存在‘党大还是法大’的问题，是把党作为一个执政整体而言的，是指党的执政地位和领导地位而言的，具体到每个党政组织、每个领导干部，就必须服从和遵守宪法法律，就不能以党自居，就不能把党的领导作为个人以言代法、以权压法、徇私枉法的挡箭牌。”

所以，“党大还是法大”是一个伪命题，“权大还是法大”则是一个真命题。权力是把双刃剑，在法治轨道上行使可以造福人民，在法律之外行使则必然祸害国家和人民。在现代社会，权力的行使和运行必须要有法的依据，必须以法的规定使权力上下左右受限有控。全面依法治国，要害的问题就是要解决公权力是否得到有效约束、手握公权力的人能否依法办事、宪法法律是否不折不扣得到遵行的问题。因此，必须以法设定权力、规范权力、制约权力、监督权力，做到有权必有责、用权受监督、违法必追究，坚决纠正有法不依、执法不严、违法不究的行为。党的十八大以来，习近平总书记一再强调，要坚持用制度管权管事管人，把权力关进制度的笼子里，抓紧形成不敢腐、不能腐、不想腐的有效机制。全面推进法治建设，一个重要任务就是要逐步形成不能腐的制度体系，真正把权力的篱笆扎得更紧，切实做到法定职权必须为、法无授权不可为。我们还要不断加强党员领导干部的党性修养，坚定理想信念，强化宗旨意识，牢固树立道路自信、理论自信、制度自信、文化自信，最终实现“不想腐”。对于各级党政组织、各级领导干部来说，宪法法律赋予的权力只有在法治的轨道上运行，才能真正做到“权为民所用”，真正实现社会主义法治的本质要求。否则，滑出法治轨道的权力就会像洪水一样泛滥成灾，损害的不只是人民的利益，还必将危害党的领导和社会主义法治的高度统一和有效运行。

【习言习语】

全面推进依法治国，方向要正确，政治保证要坚强。古人说：“有道以统之，法虽少，足以化矣；无道以行之，法虽众，足以乱矣。”我说过，“党大还是法大”是一个政治陷阱，是一个伪命题。对这个问题，我们不能含糊其辞、语焉不详，要明确予以回答。

——2015 年 2 月 2 日，习近平总书记在省部级主要领导干部学习贯彻党的十八届四中全会精神全面推进依法治国专题研讨班上的讲话

【深度思考】

为什么说“党大还是法大”是一个伪命题?

【延伸阅读】

习近平:《坚定不移走中国特色社会主义法治道路　为全面建设社会主义现代化国家提供有力法治保障》,《求是》2021年第5期。

28. 如何理解中国共产党的领导是中国特色社会主义最本质的特征？

【学“习”问道】

中国特色社会主义是科学社会主义的基本原则与中国实际相结合的产物，具有鲜明的时代特征和中国特色。中国特色社会主义最本质的特征是中国共产党领导，中国特色社会主义制度的最大优势是中国共产党领导。习近平总书记指出，“党政军民学，东西南北中，党是领导一切的，是最高的政治领导力量”。那么，如何理解中国共产党的领导是中国特色社会主义最本质的特征？

中国特色社会主义既坚持科学社会主义的基本原则，又观照中国客观实际的实践探索，是中国共产党对科学社会主义的发展，是马克思主义中国化的重要内容。中国特色社会主义道路，就是在中国共产党领导下，立足基本国情，以经济建设为中心，坚持四项基本原则，坚持改革开放，坚持解放和发展社会生产力，建设社会主义市场经济、社会主义民主政治、社会主义先进文化、社会主义和谐社会、社会主义生态文明，促进人的全面发展，逐步实现全体人民共同富裕，建设富强、民主、文明、和谐、美丽的社会主义现代化强国。

建设中国特色社会主义，总依据是社会主义初级阶段，总布局是“五位一体”，总任务是实现社会主义现代化和中华民族伟大复兴。中国特色社会主义，既坚持了科学社会主义基本原则，又根据时代条件赋予其鲜明的中国特色，以全新的视野深化了对共产党执政规律、社会主义建设规律、人类社会发展规律的认识，从理论和实践结合上系统回答了在中国这样人口多、底子薄的东方大国建设什么样的社会主义、怎样建设社会主义这个根本问题，使我们国家快速发展起来，使我国人民生活水平快速提高起来。实践充分证明，中国特色社会主义是当代中国发展进步的根本方向，只有中国特色社会主义才能发展中国。

中国特色社会主义的特征包括：以人民为中心是中国特色社会主义的出发点和落脚点，社会主义市场经济是中国特色社会主义的经济运行基础，共同富裕是中国特色社会主义的根本目的，公平正义是中国特色社会主义的内在要求，民主政治是中国特色社会主义的重要保障，改革开放是中国特色社会主义的鲜明特点，等等。中国特色社会主义有很多特点和特征，而其中最本质的特征就是中国共产党的领导。

深刻把握“中国共产党的领导是中国特色社会主义最本质的特征”这一重大判断，必须要深刻理解科学社会主义的基本原则、中国特色社会主义的形成发展、当代中国的历史任务、中国共产党自身特质等方面。

中国共产党的领导是中国特色社会主义最本质的特征，体现在科学社会主义的基本原则之中。马克思、恩格斯对社会主义的实现条件和途径进行了深入研究和系统阐述，认为社会主义代替资本主义必须通过无产阶级革命运动来实现。无产阶级只有建立代表自己阶级利益的先进政党，才能最终完成其阶级解放和人类解放的历史任务。中国共产党之所以能够团结带领人民坚持和发展中国特色社会主义，是因为中国共产党是中国工人阶级的先锋队，同时是中国人民和中华民族的先锋队，是中国特色社会主义事业的领导核心，能够代表中国先进生产力的发展要求，代表中国先进文化的前进方向，代表中国最广大人民的根本利益。坚持和发展中国特色社会主义，必须坚持中国共产党领导。离开党的领导，中国特色社会主义就缺乏根本的政治保证，就会失去正确方向。

中国共产党成立 100 年来，坚持把科学社会主义的理论逻辑和“置于现实的基础之上”的实践逻辑有机结合，随时随地都以当时的历史条件为转移，在推进中国革命、建设、改革的历史进程中，对科学社会主义的基本原则在继承中坚持，在创新中发展，成功地取得了新民主主义革命的胜利，确立了社会主义基本制度，探索社会主义建设道路，开创了中国特色社会主义，并推动中国特色社会主义进入了新时代。中国共产党百年奋斗的历史和实践表明，中国特色社会主义不是什么别的主义，而是科学社会主义在中国的成功实践和创新发展。

中国共产党的领导是中国特色社会主义最本质的特征，体现在中国特色社会主义形成与发展的历史进程中。在理论上，中国特色社会主义理论体系系统回答了在中国这样一个十几亿人口的发展中大国建设什么样的社会主义、怎样建设社会主义，建设什么样的党、怎样建设党，实现什么样的发展、怎样发展，新时代建设什么样的中国特色社会主义、怎样建设中国特色社会主义等一系列重大问题，是对马克思列宁主义、毛泽东思想的继承和发展，为中国特色社会主义道路的开辟和拓展提供了科学的理论指导。在实践上，新中国成立以来特别是改革开放以来，中国共产党坚持解放思想，实事求是，一切从实际出发，科学总结我国社会主义建设的历史经验和新鲜经验，汲取其他社会主义国家兴衰成败的历史经验，并借鉴其他国家的发展经验教训，既不走封闭僵化的老路，也不走改旗易帜的邪路，积极探索和正确选择了适合中国国情的发展道路，取得了改革开放和社会主义现代化建设的伟大成就，开创、坚持、发展了中国特色社会主义。

历史和现实、理论和实践都证明：没有中国共产党的领导，就不可能有中国特色社会主义事业的开创和推进，党的领导是坚持和发展中国特色社会主义事业的根本的政治保证。发展中国特色社会主义是一项长期而艰巨的历史任务，必须在中国共产党领导下准备进行具有许多新的历史特点的伟大斗争。

中国共产党的领导是中国特色社会主义最本质的特征体现在当代中国的历史任务中。中国共产党成立以来，就肩负起实现中华民族伟大复兴的历史使命，团结带领中国人民，以“为有牺牲多壮志，敢教日月换新天”的大无畏气概，书写了中华民族几千年历史上最恢宏的史诗。习近平总书记在党的十九大报告中强调：“中国特色社会主义进入新时代，意味着近代以来久经磨难的中华民族迎来了从站起来、富起来到强起来的伟大飞跃，迎来了实现中华民族伟大复兴的光明前景。”中国共产党带领中国人民实现从站起来、富起来到强起来的伟大飞跃是“中国共产党的领导是中国特色社会主义最本质的特征”论断最好的历史诠释。这三个“起来”既简要概括了近代以来久经磨难的中华民族实现飞跃的历史进程，又深刻揭示了中国特色社会主义道路、理论、制度、文化不断开辟发展新境界的历史意义，更生动展现了中国共产党带领中国人民创造幸福生活、一步步实现中华民族伟大复兴中国梦的历史方向。

全面建成小康社会是“两个一百年”奋斗目标中的第一个目标，是实现中华民族伟大复兴中国梦的关键一步。习近平总书记在庆祝中国共产党成立100周年大会上的重要讲话中庄严宣告，经过全党全国各族人民持续奋斗，我们实现了第一个百年奋斗目标，在中华大地上全面建成了小康社会，历史性地解决了绝对贫困问题。站在“两个一百年”奋斗目标的历史交会点上，党的十九届五中全会明确强调“扎实推动共同富裕”，把“人民生活更加美好，人的全面发展、全体人民共同富裕取得更为明显的实质性进展”作为2035年远景目标的重要内容。从全面建成小康社会到实现全体人民共同富裕，中国共产党带领中国人民正在意气风发向着全面建成社会主义现代化强国的第二个百年奋斗目标前进。2021年是中国共产党百年华诞，也是“十四五”规划开局之年，开启了全面建设社会主义现代化国家新征程。实现这“两个一百年”奋斗目标和中华民族伟大复兴的中国梦，必须坚持走中国道路，弘扬中国精神，凝聚中国力量。为此，我们的国家和民族必须有一个坚强的领导核心，这个领导核心只能是中国共产党。

中国共产党的领导是中国特色社会主义最本质的特征，体现在中国共产党的自身特质之中。勇于自我革命，从严管党治党，是我们党最鲜明的品格。中国共产党以党章为根本遵循，把党的政治建设摆在首位，思想建党和制度治党同向发力，统筹推进党的各项建设，抓住“关键少数”，坚持“三严三实”，坚持民主集中制，严肃党内政治生活，严明党的纪律，强化党内监督，发展积极健康的党内政治文化，全面净化党内政治生态，坚决纠正各种不正之风，以零容忍态度惩治腐败，不断增强党自我净化、自我完善、自我革新、自我提高的能力，始终保持党同人民群众的血肉联系。

中国共产党坚持和加强党的全面领导，坚持党要管党、全面从严治党，以加强党的长期执政能力建设、先进性和纯洁性建设为主线，以党的政治建设为统领，以坚定理想信念宗旨为根基，以调动全党积极性、主动性、创造性为着力点，全面推进党的政治建设、思想建设、组织建设、作风建设、纪律建设，把制度建设贯穿其中，深入推进反腐败斗争，不断提高党的建设质量，把党建设成为始终走在时代前列、人民衷心拥护、勇于自我革命、经得起各种风浪考验、朝气蓬勃的马克思主义执政党。中国共产党人的初心和使命，就是为中国人民谋幸福，为中华民族谋复兴。这个初心和使命是激励中国共产党人不断前进的根本动力。中国共产党人永远与人民同呼吸、共命运、心连心，永远把人民对美好生活的向往作为奋斗目标，以永不懈怠的精神状态和一往无前的奋斗姿态，继续朝着实现中华民族伟大复兴的宏伟目标奋勇前进。

中国共产党是中国特色社会主义事业的领导核心，处在总揽全局、协调各方的地位。在当今中国，没有大于中国共产党的政治力量或其他什么力量。党政军民学，东西南北中，党是领导一切的，是最高的政治领导力量。中国共产党是执政党，党的领导是做好党和国家各项工作的根本保证，是我国政治稳定、经济发展、民族团结、社会稳定的根本点，绝对不能有丝毫动摇。我国社会主义政治制度优越性的一个突出特点是党总揽全局、协调各方的领导核心作用，形象地说是“众星捧月”，这个“月”就是中国共产党。中国有了中国共产党执政，是中国、中国人民、中华民族的一大幸事。办好中国的事情，关键在党。中国特色社会主义最本质的特征是中国共产党领导，中国特色社会主义制度的最大优势是中国共产党领导。坚持和完善党的领导，是党和国家的根本所在、命脉所在，是全国各族人民的利益所在、幸福所在。

【习言习语】

中国特色社会主义有很多特点和特征，但最本质的特征是坚持中国共产党领导。加强党对经济工作的领导，全面提高党领导经济工作水平，是坚持民主集中制的必然要求，也是我们政治制度的优势。党是总揽全局、协调各方的，经济工作是中心工作，党的领导当然要在中心工作中得到充分体现，抓住了中心工作这个牛鼻子，其他工作就可以更好展开。

——2013 年 12 月 10 日，习近平总书记在中央经济工作会议上的讲话

【深度思考】

如何理解中国共产党的领导是中国特色社会主义最本质的特征?

【延伸阅读】

习近平:《中国共产党领导是中国特色社会主义最本质的特征》,《求是》2020 年第 14 期。

29. 中国特色社会主义最本质的特征和邓小平的社会主义本质论是什么关系?

【学“习”问道】

习近平总书记指出:“中国共产党的领导是中国特色社会主义最本质的特征。”邓小平同志说过:“社会主义的本质,是解放生产力,发展生产力,消灭剥削,消除两极分化,最终达到共同富裕。”这两句话都是对党和国家事业发展具有长远而根本指导意义的重大论断。那么,中国特色社会主义最本质的特征和邓小平的社会主义本质论是什么关系?

什么是社会主义、怎样建设社会主义,是邓小平同志在领导改革开放和现代化建设这一新的征程中,曾不断提出和反复思考的基本理论问题。党的十一届三中全会以后,以邓小平同志为主要代表的中国共产党人,团结带领全党全国各族人民,深刻总结我国社会主义建设正反两方面经验,借鉴世界社会主义历史经验,创立了邓小平理论,作出把党和国家工作中心转移到经济建设上来、实行改革开放的历史性决策,深刻揭示社会主义本质,确立社会主义初级阶段基本路线,明确提出走自己的路、建设有中国特色的社会主义,科学回答了建设有中国特色的社会主义的一系列基本问题。

1992 年初，邓小平在南方谈话中提出，“社会主义的本质，是解放生产力，发展生产力，消灭剥削，消除两极分化，最终达到共同富裕”。“解放生产力，发展生产力”是社会主义的根本任务。社会主义的优越性，最终要通过比资本主义更发达的生产力表现出来。“消灭剥削，消除两极分化”是对社会主义生产关系的规定和描述。“最终达到共同富裕”是对社会主义发展目标和归宿的明确。邓小平的社会主义本质论的五句话、三层含义，全面体现了社会主义就是要建立在高度发达的生产力水平上、社会主义就是要消灭阶级和消灭剥削、社会主义就是要使生产力归人民所有这三条科学社会主义的最重要基本原理和原则。离开这三条就不是科学社会主义，就没有社会主义。它反映的不只是中国式社会主义的特殊性，更是揭示了社会主义的普遍性；也不只是社会主义初级阶段的要求，更是包括将来成熟阶段在内的整个社会主义历史阶段的要求。社会主义本质是社会主义社会的根本属性和内在规定性，是社会主义社会区别于其他社会的根本标志，贯穿于社会主义社会发展全过程，决定着社会主义社会的基本特征和发展规律，是对“什么是社会主义、怎样建设社会主义”这个根本问题的回答。

邓小平的社会主义本质论是马克思主义中国化的重要成果，是中国特色社会主义理论体系的重要基石，体现了马克思主义立场、观点和方法的有机统一。社会主义本质论是邓小平理论以至整个中国特色社会主义理论体系的核心和科学基础。它的提出，使对社会主义的认识上升到更高更深的层次；它不仅立足于当代中国，实际上也体现了科学社会主义的普遍性；把握它所反映的社会主义一般规律，有重大的现实指导意义。改革开放持续深入推进，社会生产方式的变革，人民生活的不断改善，必然提出社会主义本质论创新的要求。邓小平的社会主义本质论具有理论创新的内生张力，不仅为社会主义建设提供了方向指引和方法指导，而且奠定了与时俱进创新中国特色社会主义理论体系本质论的基础。

习近平总书记说过："中国特色社会主义有很多特点和特征，但最本质的特征是坚持中国共产党领导。"中国共产党的领导是中国特色社会主义最本质的特征，是对邓小平的社会主义本质论的继承与发展。中国特色社会主义最本质的特征和邓小平的社会主义本质论的关系有如下几点：

第一，中国特色社会主义最本质的特征和社会主义本质既有区别又有内在一致性。中国特色社会主义是科学社会主义基本原则和鲜明中国特色的统一，包括中国特色社会主义道路、理论、制度、文化，而中国共产党的领导是贯穿其中最本质的特征。没有中国共产党，就没有社会主义中国，就没有中国特色社会主义。中国特色社会主义，首先是社会主义，其次是中国特色。社会主义是根本方向，中国特色是具体道路。坚持社会主义普遍性，是个大前提。我们要在遵循社会主义一般规律的大前提下，赋予社会主义以中国特殊性，即中国的特点，正确地建设中国特色社会主义，充分体现社会主义的本质。社会主义本质是对社会主义社会普遍规律的揭示，中国特色社会主义是社会主义而不是其他什么主义，因此，关于社会主义本质的界定，对中国特色社会主义同样是适用的。党的十八大以来，习近平总书记强调党的领导是“中国特色社会主义最本质的特征”和“中国特色社会主义制度的最大优势”，这是对马克思主义关于科学社会主义基本原则的丰富和发展，标志着我们党对共产党执政规律、社会主义建设规律、人类社会发展规律的认识达到了一个新的高度。

第二，是否坚持共产党领导是区别科学社会主义与其他社会主义最显著、最鲜明的标志。马克思、恩格斯对社会主义的实现条件和途径进行了深入研究和系统阐述，认为社会主义代替资本主义必须通过无产阶级革命运动来实现。无产阶级只有通过建立代表自己阶级利益的先进政党，才能完成阶级解放和人类解放的历史使命。马克思主义创始人将这个党命名为“共产党”，这一事实本身就说明了共产党的领导是科学社会主义的题中应有之义，是科学社会主义最本质的特征。可见，共产党领导是社会主义的实现条件，坚持共产党领导是科学社会主义的一个内在基本原则。没有共产党这样一个代表无产阶级利益的政治领导力量，要把社会主义本质从理论变成现实是不可能的；放弃共产党领导，社会主义国家必然变质变色乃至自取灭亡。苏联解体、东欧剧变等历史事实一再说明了这一点。正是由于坚持共产党领导是科学社会主义最显著的标志，敌对势力一刻也没有放弃对共产党领导的攻击。越是这样，我们越要保持强大的政治定力和战略定力，在坚持和加强党的全面领导上做到咬定青山不放松，任尔东西南北风。

第三，坚持中国共产党领导，必须不忘初心、牢记使命，努力实现社会主义本质要求。坚持共产党领导是一个根本的、原则的问题，坚持党的领导的目的是实现党肩负的崇高使命任务，推动人类社会向更高形态发展。社会主义和资本主义这两条道路、两种制度的斗争是长期的、复杂的、尖锐的。社会主义要赢得同资本主义的比较优势，就不仅要创造出比资本主义国家更高的社会生产力，还要创造出比资本主义国家更小的贫富差距、更真实的民主政治、更高的精神文明程度，最终实现人的自由全面发展。党的二十大擘画了分“两步走”把我国建成社会主义现代化强国的战略蓝图，提出到 2035 年人的全面发展、全体人民共同富裕取得更为明显的实质性进展，到本世纪中叶实现全体人民共同富裕的现代化。这是对新时代中国共产党人践行社会主义本质要求的最好诠释。

中国特色社会主义进入新时代，我国社会主要矛盾已经转化为人民日益增长的美好生活需要和不平衡不充分的发展之间的矛盾。这是关系全局的历史性变化，对党和国家工作提出了许多新要求。在新的历史起点上，继续推进中国特色社会主义伟大事业，仍然要在“什么是社会主义”这一根本问题上保持清醒的认识。要把社会主义的本质要求当作我们一以贯之的奋斗目标来追求，我们的一切事业和工作、一切路线方针和政策措施，都要基于、围绕和服从这一追求，并且从现阶段的一事一举扎扎实实地做起，在防止浮躁的同时必须要有紧迫感和忧患意识，毫不懈怠，毫不动摇，决不能淡化、淡忘、淡出。中国特色社会主义，是中国共产党人在实现马克思主义根本价值追求的伟大实践中生成的，是适合当代中国国情的马克思主义之大道、造福中国人民的现实实践，也必将在伟大的历史实践中得以坚持和发展，不断开辟通向自由王国的光明大道。

【习言习语】

改革开放40年的实践启示我们：中国共产党领导是中国特色社会主义最本质的特征，是中国特色社会主义制度的最大优势。党政军民学，东西南北中，党是领导一切的。正是因为始终坚持党的集中统一领导，我们才能实现伟大历史转折、开启改革开放新时期和中华民族伟大复兴新征程，才能成功应对一系列重大风险挑战、克服无数艰难险阻，才能有力应变局、平风波、战洪水、防非典、抗地震、化危机，才能既不走封闭僵化的老路也不走改旗易帜的邪路，而是坚定不移走中国特色社会主义道路。

——2018年12月18日，习近平总书记在庆祝改革开放40周年大会上的讲话

【深度思考】

中国特色社会主义最本质的特征和邓小平的社会主义本质论是什么关系？

【延伸阅读】

习近平：《在庆祝改革开放40周年大会上的讲话》，《求是》2018年第24期。

30. 贯彻新发展理念与坚持以经济建设为中心是什么关系？

【学“习”问道】

党的十八届五中全会提出了创新、协调、绿色、开放、共享的新发展理念，这是在深刻总结国内外发展经验教训、深入分析国内外发展大势的基础上提出的，集中反映了中国共产党对中国经济社会发展规律的新认识。按照新发展理念推动我国经济社会发展，是当前和今后一个时期我国发展的总要求和大趋势。那么，贯彻新发展理念与坚持以经济建设为中心是什么关系？

党的十八大以来，习近平总书记对经济社会发展提出了许多重大理论和理念，其中创新、协调、绿色、开放、共享的新发展理念是最重要、最主要的，引导我国经济发展取得了历史性成就、发生了历史性变革。贯彻新发展理念作为我国现代化建设的重要指导原则，是推动经济高质量发展、推动中华民族复兴的核心理念和指导原则。

社会经济发展是一个伴随着量变和质变的发展历程，是一个动态发展、连续渐进、螺旋式上升的变化过程，是高速度数量型粗放经济迈向高质量发展效率型集约经济的演化过程。新时代，对新发展理念的认知要实事求是、与时俱进，尤其是要正确认识贯彻新发展理念与坚持以经济建设为中心的关系。

新发展理念与坚持以经济建设为中心是在不同的历史语境下提出来的。以经济建设为中心是针对过去以阶级斗争为纲、以政治运动为中心的“左”的指导思想而提出来的，是针对当时社会生产力水平极度匮乏，落后的社会生产无法满足人民群众的物质文化需求，阶级斗争异常盛行的历史背景下提出来的。以经济建设为中心，突出全党要把工作重心放在经济建设上，着力解决发展作为第一要务的问题。以经济建设为中心标志着党的工作重心的转移，标志着中国经济和社会发展模式从“劣”到“优”的跨越转变。而新发展理念是针对我国经济发展进入新常态所暴露出来的不平衡、不全面、不可持续问题提出来的，是适应我国经济社会发展由高速度增长阶段转向高质量发展阶段要求提出来的，也是在全面总结国内外经济发展经验教训、深刻分析国内外发展大势的基础上形成的。新发展理念科学回答了“发展起来以后”出现的问题，指明了我国的发展思路、发展方向和发展着力点，涵盖了经济社会发展的各领域、各方面，着眼于解决发展动力不足、发展水平不高、发展方式粗放、发展消耗过高、发展结构失衡、发展环境不稳等问题。新发展理念侧重发展的全面性、发展的协调性、发展的平衡性，注重发展的质量效益和整体效能，深化了党对经济社会发展规律的认识，对新时代中国特色社会主义的发展具有战略性、纲领性和引领性的意义。贯彻新发展理念与坚持以经济建设为中心不是相互对立的、非此即彼的关系，而是相互联系、相互影响的辩证统一关系。其中，新发展理念是指挥棒、红绿灯，以经济建设为中心是兴国之钥。坚持以经济建设为中心，必须贯彻新发展理念，方能推动高质量发展。

新发展理念是解决当前社会主要矛盾的行动指南、根本途径和关键所在。新发展理念从质量、效率、协调、平衡、可持续等方面深刻揭示了新时代经济社会发展的基本要求，科学回答了新时代发展的根本目的（发展为了人民）、根本动力（发展依靠人民）和根本价值（发展成果与人民共享）问题。新发展理念开辟了马克思主义发展观的新境界，丰富和发展了中国共产党的发展理论，是我国发展思路、发展目标、发展动力、发展着力点的集中体现，为新时代中国经济发展指明了方向、明确了标准，为更好解决我国当前社会主要矛盾明确了路径。习近平总书记在党的第十九次全国代表大会报告中庄严宣告："经过长期努力，中国特色社会主义进入了新时代，这是我国发展新的历史方位。"同时，习近平总书记在报告中强调指出："我国社会主要矛盾已经转化为人民日益增长的美好生活需要和不平衡不充分的发展之间的矛盾。"中国特色社会主义进入新时代，中国社会主要矛盾发生了变化，我国经济发展已由高速增长阶段转向高质量发展阶段。解决社会主要矛盾，必须坚决贯彻创新、协调、绿色、开放、共享的发展理念，统筹推进"五位一体"总体布局，协调推进"四个全面"战略布局。

习近平总书记指出："发展必须是科学发展，必须坚定不移贯彻创新、协调、绿色、开放、共享的发展理念。"新发展理念不是空穴来风，也不是主观想象，是对中国特色社会主义伟大实践的能动反映，是在新的历史阶段、新的历史起点上，中国共产党对中国经济社会发展问题的科学性思考、全局性谋划、战略性布局、整体性推进，是中国共产党关于发展的政治立场、价值导向、发展模式、发展道路等重大问题的思考和回答。坚持新发展理念是关系我国发展全局的一场深刻变革。其中，创新是引领发展的第一动力，是建设现代化经济体系的战略支撑，为高质量发展提供强劲动力。创新发展注重的是解决发展动力问题，实现创新发展必须勇于冲破思想观念障碍，敢于突破利益固化藩篱，持续推动思想解放，把创新摆在国家发展全局的核心位置，不断推进理论创新、科技创新、文化创新、制度创新等各方面创新，让创新贯穿党和国家一切工作。协调是持续健康发展的内在要求，协调发展注重的是解决发展不平衡问题。实现协调发展必须正确处理发展中的重大关系，注重补齐短板、挖掘发展潜力、凸显整体效能，协调好东部与西部、城市与乡村、发达地区与欠发达地区的发展，促进经济社会协调发展、协同发展、共同发展，健全经济社会协调发展体制机制，不断增强发展整体性。绿色是永续发展的必要条件和人民对美好生活追求的重要体现，绿色发展注重的是解决人与自然和谐共生问题。实现绿色发展必须把生态文明建设摆在突出地位，推动形成节约资源和保护环境的空间格局、产业结构、生产方式、生活方式，实现经济社会发展和生态环境保护协同共进，实现生态保护、绿色发展、民生改善相统一，为人民群众创造良好生产生活环境，努力建设人与自然和谐共生的美丽家园。开放是国家繁荣发展的必由之路，开放发展注重的是解决发展内外联动问题，目标是提高对外开放质量、发展更高层次的开放型经济。实现开放发展必须奉行互利共赢的开放战略，营造对外开放新环境，构建开放型经济新体系，以更加积极有为的行动推进更高水平的对外开放，实现高质量“引进来”和高水平“走出去”。共享是中国特色社会主义的本质要求，是社会主义制度优越性的集中体现，也是我国经济社会发展的根本出发点和落脚点。共享发展理念的实质是坚持以人民为中心的发展思想，体现的是逐步实现共同富裕的要求。共享发展注重的是解决社会公平正义问题，实现共享发展必须坚持遵循人民至上价值取向，坚持发展为人民、发展依靠人民，实现发展成果全民共享、全面共享、共建共享、渐进共享，不断推进全体人民共同富裕。

坚持以经济建设为中心，必须贯彻新发展理念。以经济建设为中心是兴国之要。习近平总书记指出：“现阶段，我国经济发展的基本特征就是由高速增长阶段转向高质量发展阶段。”推动高质量发展，是破解不平衡不充分发展的着力点，是保持经济持续健康发展、适应我国社会主要矛盾变化、遵循经济规律发展的必然要求，是全面建成小康社会、全面建设社会主义现代化国家的时代之需，也是现在和今后相当长的时间内确定发展思路、制定经济政策、实施宏观调控的根本要求。为此，要做到以下三点：

牢牢坚持以经济建设为中心，必须把新发展理念贯彻到改革开放和社会主义现代化建设全过程。为此，要深刻理解我国进入新发展阶段的历史方位，深刻领会新发展理念的科学内涵、精神实质和核心要义，准确把握新发展理念的系统性、整体性和协同性，辩证理解创新、协调、绿色、开放、共享之间相辅相成、相互促进、相得益彰的关系。坚持创新发展、协调发展、绿色发展、开放发展、共享发展，切实把新发展理念贯彻到经济社会发展全过程和各领域，推动质量变革、效率变革、动力变革，实现更高质量、更有效率、更加公平、更可持续、更为安全的发展，为实现经济高质量发展、推动国家治理现代化提供源源不断的驱动力。

牢牢坚持以经济建设为中心，必须把实现高质量发展作为贯彻新发展理念的重要目标。习近平总书记强调："推动高质量发展是当前和今后一个时期确定发展思路、制定经济政策、实施宏观调控的根本要求。"经过40多年改革开放，国内产业体系较全面，市场发育较成熟，转型升级较先行，具备高质量发展的必要条件。同时，我国的发展也到了转型升级、体制再造、重新出发的质变阶段，亟须解决发展中存在的质量效益不高、创新驱动力不强、要素供给不足、保障体系不全、发展不平衡不充分等突出难题。牢牢抓住经济建设这个中心，必须在构建推动经济高质量发展的体制机制上走在世界前列。为实现这一目标，就要坚持创新是发展第一动力，深化供给侧结构性改革，不断提升经济发展的质量和效益，积极转变发展方式、优化经济结构、转换增长动力，不断提升人民群众的获得感、幸福感、归属感；要加快建设现代化经济体系，加快构建以国内大循环为主体、国内国际双循环相互促进的新发展格局，加速刺激市场主体活力，为实现经济高质量发展提供坚实支撑；要推动新型工业化、信息化、城镇化、农业现代化同步发展，着力构建工农互促、城乡互补，全面融合、共同繁荣的新型工农城乡关系，逐步缩小城乡区域发展差距，为经济社会发展打造新引擎。

牢牢坚持以经济建设为中心，必须把解决区域发展不平衡作为贯彻新发展理念的突破口。为此，要“加大力度支持革命老区、民族地区、边疆地区、贫困地区加快发展，强化举措推进西部大开发形成新格局，深化改革加快东北等老工业基地振兴，发挥优势推动中部地区崛起，创新引领率先实现东部地区优化发展，建立更加有效的区域协调发展新机制”，为新时代统筹区域协调发展、实现共同富裕、实现社会主义现代化强国提供战略保障。此外，还要完善现代城镇体系，优化区域空间结构，加快农业转移人口市民化，将实施乡村振兴战略与新型城镇化建设在内统一起来、有机衔接起来，构建城区以外的乡村和小城镇联动发展的机制，形成以城市群为主体构建大中小城市和小城镇协调发展的城镇格局。

【习言习语】

面对中国经济发展进入新常态、世界经济发展进入转型期、世界科技发展酝酿新突破的发展格局，我们要坚持以经济建设为中心，坚持以新发展理念引领经济发展新常态，加快转变经济发展方式、调整经济发展结构、提高发展质量和效益，着力推进供给侧结构性改革，推动经济更有效率、更有质量、更加公平、更可持续地发展，加快形成崇尚创新、注重协调、倡导绿色、厚植开放、推进共享的机制和环境，不断壮大我国经济实力和综合国力。

——2016 年 7 月 1 日，习近平总书记在中国共产党成立 95 周年大会上的讲话

【深度思考】

贯彻新发展理念与坚持以经济建设为中心是什么关系？

【延伸阅读】

习近平：《深入理解新发展理念》（2016 年 1 月 18 日），《求是》2019 年第 10 期。

31. 如何理解坚持党对国有企业的领导和深化国有企业改革之间的关系？

【学“习”问道】

习近平总书记指出：“国有企业特别是中央管理企业，在关系国家安全和国民经济命脉的主要行业和关键领域占据支配地位，是国民经济的重要支柱，在我们党执政和我国社会主义国家政权的经济基础中也是起支柱作用的，必须搞好。”这充分彰显了党的十八大以来，以习近平同志为核心的党中央对国有企业改革发展的高度重视。新时代中国共产党如何加强对国有企业的领导，与时俱进深化国有企业改革？坚持党对国有企业的领导和深化国有企业改革之间是什么关系？

党的二十大报告指出：“我们全面加强党的领导，明确中国特色社会主义最本质的特征是中国共产党领导，中国特色社会主义制度的最大优势是中国共产党领导，中国共产党是最高政治领导力量，坚持党中央集中统一领导是最高政治原则。”国有企业是中国特色社会主义的重要物质基础和政治基础，是党执政兴国的重要支柱和依靠力量，是党领导的国家治理体系的重要组成部分，是推进国家事业发展、实现国家现代化的重要力量，也是实现全体人民共同富裕的重要保障。“坚持党的领导，是我国国有企业的独特优势，国有企业改革首要一条就是坚持党的领导，否则就不是中国特色社会主义，要把国企党的建设坚决抓紧抓实抓好。”“党建工作始终是国有企业的独特政治资源，是企业核心竞争力的有机组成部分，是实现企业科学发展的关键因素，也是建立中国特色现代企业制度的一个本质特征。”党的十八大以来，以习近平同志为核心的党中央在领导全面从严治党的伟大实践中，针对国有企业党的建设出现的弱化、淡化、虚化、边缘化的困境与挑战，创造性地提出了一系列具有强烈的政治性、鲜明的时代性、深厚的理论性、广泛的实践性的关于国有企业党的建设的新论断，系统回答了新时代国有企业要不要抓党的建设，以及如何抓好国有企业党的建设等重大理论和政治问题。习近平总书记关于加强国有企业党的建设工作的一系列论述和观点，为深化国有企业改革、破除体制机制障碍、理直气壮地把国有企业做强做优做大，提供了重要理论指导。

其一，坚持党对国有企业的领导是深化国企改革坚守的政治方向。党的领导是中国特色社会主义最本质的特征和最大优势，是确保中国经济社会发展始终沿着正确方向前进的根本政治保障。坚定不移把国有企业做强做优做大，更好地服务于国家战略目标，最根本的是要在深化改革中加强党的领导。坚持党对国有企业的领导，是事关国有企业改革方向的关键因素。加强和改进国有企业党建工作，提升党在国有企业的领导能力和水平是深化国企改革坚守的政治方向，是建设中国特色现代国企制度的客观需要，也是新时代全面从严治党的必然之举。一段时期以来，社会上一些别有用心的敌对势力否定和抨击国有企业的声音不绝于耳，捏造出了不少攻击、抹黑国有企业的奇谈怪论，宣扬“国有经济低效论”“国有企业与民争利”“国有企业垄断论”，倡导“私有化”“去国有化”“去主导化”，鼓吹“国企不破、中国不立”，操弄所谓“国进民退”“民进国退”等错误思想。针对上述种种谬论，习近平总书记在全国国有企业党的建设工作会议上鲜明地提出了“国有企业还要不要？”的问题，并旗帜鲜明地指出，“国有企业是中国特色社会主义的重要物质基础和政治基础”，关系公有制主体地位的巩固，关系我们党的执政地位和执政能力，关系我国社会主义制度。当前，国有企业的改革与发展面临的矛盾和挑战更加突出，其改革难度空前加剧，只有加强党的领导，加强国企党建工作，国企改革和发展的方向才能把准把好。国有企业改革越是到攻坚期和深水区，党的领导越是只能加强，不能削弱，更不能缺位，要把国企党建工作作为一项重大的政治任务来抓，沿着党引领的正确方向迈向新征程。

其二，坚持党对国有企业的领导是深化国企改革坚守的政治原则。把坚持党对国有企业的领导作为深化国有企业改革必须坚守的政治原则，这是中国特色社会主义最本质的特征决定的，是“国企姓国”“国企为国”的根本属性和使命担当决定的，是保证党的政治意志和战略部署得以贯彻执行的重要保障，也是国有企业深化党建工作的内在要求。2015 年 6 月 5 日，中央全面深化改革领导小组第十三次会议审议通过的《关于在深化国有企业改革中坚持党的领导加强党的建设的若干意见》强调："在协调推进'四个全面'战略布局的伟大进程中，必须毫不动摇坚持党对国有企业的领导，毫不动摇加强国有企业党的建设。"该意见对在深化国企改革中进一步坚持党的领导、加强党的建设提出了明确要求，作出了科学部署。2015 年 8 月 24 日，中共中央、国务院印发了《关于深化国有企业改革的指导意见》。这是指导和推进中国国企改革的纲领性文件。该意见明确指出，要加强党对国有企业的领导，充分发挥党组织在国有企业工作中的政治核心作用，按照"四个全面"战略布局要求，分类推进国有企业改革，完善现代企业制度，破除体制机制壁垒，把坚持党对国有企业的领导作为基本原则。2016 年 10 月 10 日至 11 日，全国国有企业党的建设工作会议在北京举行，习近平总书记在会议上指出："坚持党对国有企业的领导是重大政治原则，必须一以贯之。"在经济高质量发展的新时代背景下，坚持党对国有企业的领导就必须充分发挥党委（党组）把方向、管大局、保落实的领导核心作用，充分发挥党支部的战斗堡垒作用和党员的先锋模范作用，加强国有企业党风廉政建设和反腐败工作，以高质量党建引领高质量发展。

坚持党的领导、加强党的建设既是深化国有企业改革的重要内容，也是保证国有企业改革沿着正确的政治方向前行的根本保证。没有"坚持党的领导、加强党的建设"这个"根"，国有企业就不能持续健康发展，就不可能做强做优做大，也就不能支撑起社会主义事业的宏伟大厦。把坚持党对国有企业的领导作为深化国有企业改革必须坚守的政治原则，把加强党的领导和国有企业的改革发展有机统一起来，把建立现代企业制度作为国有企业改革的方向，就是要从思想上、组织上、行动上与以习近平同志为核心的党中央保持高度一致，大力推动党的政治领导、思想领导、组织领导相统一，始终从政治上把方向、观大势、统全局，始终从政治上谋划、部署和推动国有企业党的建设工作，确保国有资产牢牢掌握在党的手中，增强国有企业的世界影响力、国际竞争力、抵御风险能力、产业控制力、经济活力，推动国有企业改革实现高质量、跨越式发展，促进国有企业做强做优做大。随着国有企业改革的不断深化，国有企业党委（党组）领导作用进一步明确强化，国有企业党组织的职能也逐步超越了思想政治工作的范畴，延伸为“把方向、管大局、保落实”。在国有企业改革发展中，必须始终牢记，改革改制不能改掉党的领导和党组织的政治核心作用；制度创新不能违背国有企业改革的基本原则，不能丢掉政治领导；改进管理不能“邯郸学步”“人云亦云”，不能丢掉政治优势；参与国际竞争、提升国际地位、融入国际潮流，不能照搬照抄西方模式，忽视中国国情，丢掉中国特色。

其三，坚持党对国有企业的领导是深化国企改革坚守的政治底线。坚持党对国有企业的领导，是全面从严治党的必然要求，也是深化国企改革坚守的政治底线。习近平总书记指出：“国有资产资源来之不易，是全国人民的共同财富。要完善国有资产资源监管制度，强化对权力集中、资金密集、资源富集的部门和岗位的监管。”全面从严治党、推进党的建设新的伟大工程、提升国有企业党的建设高质量发展，国有企业责任重大、使命光荣、任务艰巨，国有企业党组织决不能置若罔闻、意识淡薄、思想松懈，而应把党章党规党纪挺起来、立起来，把对党员干部的监督管理抓起来、严起来，履行管党治党的主体责任，把党要管党、全面从严治党要求落实落细，真正让全面从严治党在国有企业落地生根，不断净化国有企业的政治生态。坚决贯彻落实党中央的指示要求，抓好国有企业的深化改革、产业转型升级和反腐倡廉工作，是国有企业当前最紧迫的政治任务和最大的政治责任。党的十八届中央纪委第五次全会把国有企业纳入巡视重点，加大了对国有企业的巡视力度，实现对中管国有重点骨干企业巡视全覆盖，这充分说明党中央对国有企业的地位和作用的高度肯定和重视。

中央纪委对国有企业的专项巡视中发现的对落实全面从严治党主体责任的薄弱环节以及监督检查发现的“党的领导弱化、党的建设缺失、全面从严治党不力”等突出问题，再次印证了党中央对国有企业党的建设形势的精准研判，也充分反映了全面从严治党向基层延伸，尤其是在国有企业的任务异常艰巨。中央纪委在对国有企业的专项巡视中发现，有的国有企业党组织贯彻党的路线方针政策态度不坚决、执行不到位；有的违背党的组织原则，用人不守纪律、不讲规矩；有的公款吃喝送礼，权力寻租、以权谋私、靠山吃山、损公肥私；有的以改革为名，打着建立现代企业制度的旗号，贱卖贵买、予取予求，进行利益输送，侵吞国有资产；等等。国有企业暴露出的这些典型问题充分反映了国有企业党的建设缺失、全面从严治党不力，在党要管党、从严治党方面离党中央的要求还有较大的差距。究其缘由在于党的领导弱化，党内政治生活不严肃，党的观念淡漠、组织涣散、纪律松弛，企业党组织主体责任缺失，管党治党不力，企业党组织管党治党失之于宽、失之于松、失之于软，监督管理不严。因此，国有企业要提高政治站位、树牢大局意识、明确主体责任、坚守政治底线，强化党对国有企业的领导，坚决贯彻落实党中央的指示和要求，切实增强责任感、使命感和紧迫感，确保国有企业改革的有序推进，保证国有企业改革的正确方向。

习近平总书记在全国国有企业党的建设工作会议上强调："全面从严治党要在国有企业落实落地，必须从基本组织、基本队伍、基本制度严起。"为此，要做到以下三点：一是筑牢基层堡垒壮筋骨。坚持在国有企业改革发展中同步建立党的组织、动态调整组织设置，把党建工作总体要求纳入企业公司章程，保证党组织在国有企业的核心领导地位。大力整顿软弱涣散基层党组织，确保基层党组织始终成为团结群众的核心、教育党员的学校、攻坚克难的堡垒。二是严肃组织生活通经络。认真贯彻落实《关于新形势下党内政治生活的若干准则》，提高党内政治生活的政治性、时代性、原则性、战斗性。结合中央对党员学习教育的部署，创新方式方法，认真落实"三会一课"制度，突出党性锻炼，使之成为引领党员思想的主阵地；认真开展民主生活会和组织生活会、谈心谈话、民主评议党员，着力查摆和解决突出问题，增强凝聚力战斗力。三是强化基础保障养气血。坚持精兵强将充实基层，真金白银投向基层，政策资源倾斜基层。规范党务工作部门设置，选好配强"领头雁"，充实工作力量，形成工作合力。

【习言习语】

坚持党对国有企业的领导是重大政治原则，必须一以贯之；建立现代企业制度是国有企业改革的方向，也必须一以贯之。中国特色现代国有企业制度，“特”就特在把党的领导融入公司治理各环节，把企业党组织内嵌到公司治理结构之中，明确和落实党组织在公司法人治理结构中的法定地位，做到组织落实、干部到位、职责明确、监督严格。

——2016 年 10 月 10 日，习近平总书记在全国国有企业党的建设工作会议上的讲话

【深度思考】

如何理解坚持党对国有企业的领导和深化国有企业改革之间的关系？

【延伸阅读】

习近平：《毫不动摇坚持和加强党的全面领导》，《求是》2021 年第 18 期。

32. 人类命运共同体和共产主义是什么关系？

【学“习”问道】

习近平总书记在党的十九大报告中指出：“中国共产党一经成立，就把实现共产主义作为党的最高理想和最终目标，义无反顾肩负起实现中华民族伟大复兴的历史使命。”在中国共产党与世界政党高层对话会的主旨讲话中，习近平总书记指出：“人类命运共同体，顾名思义，就是每个民族、每个国家的前途命运都紧紧联系在一起，应该风雨同舟，荣辱与共，努力把我们生于斯、长于斯的这个星球建成一个和睦的大家庭，把世界各国人民对美好生活的向往变成现实。”这两句话都是对人类社会从哪里来、到哪里去的重大论断。人类命运共同体和共产主义是什么关系？

宇宙只有一个地球，人类共有一个家园，也只有一个共同的未来。除了地球之外，人类没有其他去处，除了共同珍爱和呵护地球家园之外，人类别无选择。随着经济全球化的深入推进，和平、发展、合作、共赢的时代潮流更加强劲，世界各国相互联系、相互依存、相互合作、相互促进的程度空前加深，越来越成为你中有我、我中有你，一荣俱荣、一损俱损的命运共同体。同时，世界还很不太平，局部动荡此起彼伏，恐怖主义、重大传染性疾病等全球性问题不断增多，南北差距依然悬殊，世界各国团结合作、共同发展依然面临不少困难和挑战。在维护世界和平和应对全球性挑战过程中，每个国家都不能置身事外，也不可能独自应对。弱肉强食的丛林法则、你输我赢的零和游戏不再符合时代逻辑，和平、发展、合作、共赢成为世界人民的共同呼声。正是在此背景下，习近平总书记提出要继承和弘扬联合国宪章的宗旨和原则，构建以合作共赢为核心的新型国际关系，打造人类命运共同体，就未来世界发展方向给出了中国方案，为完善全球治理体系指明了新的探索方向。

人类命运共同体，就是每个民族、每个国家的前途命运都紧紧联系在一起，应该风雨同舟、荣辱与共，努力把我们生于斯、长于斯的这个星球建成一个和谐的大家庭，把世界各国人民对美好生活的向往变成现实。构建人类命运共同体，核心就是建设持久和平、普遍安全、共同繁荣、开放包容、清洁美丽的世界。具体来说，在政治上，要互相尊重、平等协商，坚决摒弃冷战思维和强权政治，走对话而不对抗、结伴而不结盟的国与国交往新路；在安全上，要坚持以对话解决争端、以协商化解分歧，统筹应对传统和非传统安全威胁，反对一切形式的恐怖主义；在经济上，同舟共济，促进贸易和投资自由化便利化，推动经济全球化朝着更加开放、包容、普惠、平衡、共赢的方向发展；在文化上，要弘扬和平、发展、公平、正义、民主、自由的全人类共同价值观，尊重世界文明多样性，促进文明交流互鉴，实现文明共存；在生态上，要坚持环境友好，合作应对气候变化，保护好人类赖以生存的地球家园。构建人类命运共同体理念顺应了历史潮流，回应了时代要求，凝聚了各国共识，为人类社会实现共同发展、持续繁荣、长治久安绘制了蓝图。

“大道至简，实干为要。构建人类命运共同体，关键在行动。”党的十八大以来，习近平总书记在国内、国际不同场合一再向世界阐释构建人类命运共同体的中国智慧、中国方案。更为重要的是，我们在实践中把这一理念转变成了实实在在的具体行动，以“一带一路”建设作为推动构建人类命运共同体的重要实践平台，正以其推动共同发展取得巨大成效。截至 2020 年底，我国已与 138 个国家和 31 个国际组织签署了 203 份共建“一带一路”合作文件，亚投行成员不断增加，各方面工作取得积极进展。同时，构建人类命运共同体的目标已经融入联合国的相关决议中，逐步深化了世界各国的共识，有效改善了国际关系结构，推动全球治理体系朝着更加公正合理的方向发展，推动国际秩序由“变”到“治”，而且为反对霸权主义、强权政治，促进世界和平与发展，实现全球共同发展繁荣贡献了中国智慧、中国方案、中国力量。

共产主义代表了人类未来发展的必然趋势，表达了人们对未来社会的美好构想，是共产党人的最高理想。马克思、恩格斯一生的追求是人类解放，是将人类从以往的束缚和压迫中解放出来，实现人的自由全面发展。这种人类解放有着明确的目的，那就是实现共产主义。他们根据逻辑和历史相统一的原则，科学地预测人类社会从低级到高级不断发展，最终一定要达到一种更加美好的社会形态，即共产主义。共产主义代替资本主义正像资本主义代替封建社会一样是一种必然。在《共产党宣言》中，马克思、恩格斯指出："代替那存在着阶级和阶级对立的资产阶级旧社会的，将是这样一个联合体，在那里，每个人的自由发展是一切人的自由发展的条件。"在这个自由人联合体中，分工将会消失，集体财富将会充分累积，"各尽所能，按需分配"的制度将会产生，每个人的命运都将由自己掌握，他们既有全面发展的个性，也有高度的社会性，每个人的生活和工作都可以按照自己的意愿来安排，个体将会实现自由而全面的发展。正是"每个人的自由全面发展"将共产主义社会同一切旧社会从根本上区别开来。

坚定共产主义理想信念，坚守共产党人精神追求，始终是共产党人安身立命的根本。中国共产党从成立起就把为共产主义、社会主义而奋斗确定为自己的纲领，坚定共产主义远大理想和中国特色社会主义共同理想，不断把为崇高理想奋斗的伟大实践推向前进。邓小平指出："我们干的是社会主义事业，最终目的是实现共产主义。""共产主义的第一阶段是社会主义，社会主义就是要发展生产力，这是一个很长的历史阶段。"他还特别强调，巩固和发展社会主义，需要一个很长的历史阶段，需要几代人、十几代人，甚至几十代人坚持不懈努力奋斗。习近平也明确强调，革命理想高于天。中国共产党之所以叫共产党，就是因为从成立之日起我们党就把共产主义确立为远大理想。"我们现在的努力以及将来多少代人的持续努力，都是朝着最终实现共产主义这个大目标前进的。同时，必须认识到，实现共产主义是一个非常漫长的历史过程，我们必须立足党在现阶段的奋斗目标，脚踏实地推进我们的事业。”

人类命运共同体与共产主义有共同之处，二者都是共产党人从世界历史的视野关注人类的前途和命运并给出解决之道。人类命运共同体是面对当今世界和平与发展进程中治理赤字、和平赤字、发展赤字、信任赤字等挑战，以习近平同志为核心的党中央站在世界历史高度，提出的审视和化解全球性风险、挑战的中国方案，是对马克思主义的世界历史思想和共同体思想的继承和发展。党的十九大报告指出，在经济全球化时代，“没有哪个国家能够独自应对人类面临的各种挑战，也没有哪个国家能够退回到自我封闭的孤岛”。因此，中国应“始终做世界和平的建设者、全球发展的贡献者、国际秩序的维护者”，呼吁各国人民同心协力，构建人类命运共同体，建设持久和平、普遍安全、共同繁荣、开放包容、清洁美丽的世界，让人类命运共同体建设的阳光普照世界。这些判断和主张处处体现马克思主义对历史走向世界历史、人类休戚与共、实现全人类共同繁荣的追求，彰显出中国共产党人在道义制高点上对人类发展的关切与希望。共产主义在本质上是“世界历史性的事业。共产主义绝不是某一阶级、某一民族的解放，而是全人类的解放，因此共产主义又不能作为某种地域性的东西而存在”。每一民族的解放和每一个单独个人的解放程度与历史向世界历史的转变过程是完全一致的，“无产阶级只有在世界历史意义上才能存在，就像共产主义——它的事业——只有作为‘世界历史性’的存在才有可能实现一样”。共产主义制度必须建立在生产力高度发达、交往普遍扩大，同时无产阶级成为世界历史性存在的社会基础之上。

人类命运共同体与共产主义同时有着本质区别。构建人类命运共同体是习近平新时代中国特色社会主义思想的重要组成部分，是习近平外交思想的核心理念，也是中国特色大国外交最鲜明的特征。这一理念反映了中外优秀文化和全人类共同价值追求，顺应了人类社会发展进步的时代潮流，成为新时代中国外交的一面鲜明旗帜。这一理念超越社会制度和发展阶段的不同，站在全人类整体利益的高度审视国与国关系，展现了世界情怀和全球视野，是新时代中国外交追求的崇高目标。这一理念并不是要“输出”中国模式，不会要求别国“复制”中国的做法，搞所谓的制度趋同、模式统一，而是强调国家间要求同存异、聚同化异，共同构建合作共赢的新型国际关系。国家不论大小、强弱、贫富，都应该平等相待，既把自己发展好，也帮助其他国家发展好。大家都好，世界才能更美好。共产主义既是一种批判资本主义社会和追求人类理想社会的最科学的理论或者思想体系（即科学社会主义或者马克思主义），也是由科学社会主义理论揭示的人类最合理最美好的社会制度（即共产主义的社会制度），还是在科学社会主义理论指导下，以建立共产主义制度为最终目标的实际运动（即逐步实现共产主义的实践）。不能把作为反映中国特色大国外交合作共赢理念的人类命运共同体，直接对应共产主义的“自由人联合体”。自由人联合体是指社会制度差别消除、阶级和国家消亡的理想社会。人类命运共同体并不承载社会形态演化、社会制度演变的任务，只是在社会主义与资本主义并存的特殊社会形态背景下，为了应对人类共同挑战而被倡导的一种新型国际关系状态，是一种典型的利益共同体和价值共同体，并不是马克思所说的社会共同体本身。如果把人类命运共同体等同于社会共同体，强调其社会形态、社会制度指向，势必会带来诸如构建人类命运共同体是不是要搞世界革命以实现共产主义的疑问，在世界范围内加剧和扩散“中国威胁论”“中国担忧论”等的影响，加重国际社会对中国的疑虑和恐惧。

【习言习语】

中华民族历来讲求“天下一家”，主张民胞物与、协和万邦、天下大同，憧憬“大道之行，天下为公”的美好世界。我们认为，世界各国尽管有这样那样的分歧矛盾，也免不了产生这样那样的磕磕碰碰，但世界各国人民都生活在同一片蓝天下、拥有同一个家园，应该是一家人。世界各国人民应该秉持“天下一家”理念，张开怀抱，彼此理解，求同存异，共同为构建人类命运共同体而努力。

——2017 年 12 月 1 日，习近平总书记在中国共产党与世界政党高层对话会上的主旨讲话

【深度思考】

人类命运共同体和共产主义是什么关系？

【延伸阅读】

习近平：《共同努力把人类前途命运掌握在自己手中》（2019 年 3 月 26 日），载《习近平谈治国理政》第三卷，外文出版社，2020，第 460—462 页。

33. 中国共产党的初心使命是否包含“为世界谋大同”？

【学“习”问道】

我们党的初心和使命，就是为中国人民谋幸福，为中华民族谋复兴。但有时又看到我们党的初心和使命被表述为三个方面，即除为中国人民谋幸福、为中华民族谋复兴外，增加了为世界谋大同。那么，我们党的初心和使命，究竟包不包含“为世界谋大同”？

中国共产党是为中国人民谋幸福的党，也是为人类进步事业而奋斗的党，我们所做的一切就是为中国人民谋幸福、为中华民族谋复兴，为人类谋和平与发展。中国共产党的初心和使命，不仅是为中国人民谋幸福、为中华民族谋复兴，而且还包含为世界谋大同。为世界谋大同是为中国人民谋幸福和为中华民族谋复兴的逻辑必然，既体现了中国共产党关注世界发展和人类事业进步的天下情怀，也体现了中国共产党致力于实现“全人类解放”的崇高的共产主义远大理想，体现了立志于推动构建人类命运共同体的使命担当和博大胸襟。

为世界谋大同植根在中华民族优秀的传统文化基因中。为世界谋大同，凝聚了几千年来中华民族追求大同社会的理想。不同的历史时期，人们都从不同的意义上对大同社会的理想图景进行过描绘。从《礼记》提出“天下为公。选贤与能，讲信修睦。故人不独亲其亲，不独子其子，使老有所终，壮有所用，幼有所长，矜寡孤独废疾者，皆有所养”的社会大同之梦，到陶渊明在《桃花源记》中描述的“黄发垂髫，并怡然自乐”的平静自得的生活场景，再到康有为《大同书》中提出的“大同”理想，以及孙中山发出的“天下为公”的呐喊，一代又一代的中国人，不管社会如何进步，文化如何发展，骨子里永恒不变的就是对大同理想的追求。

习近平总书记强调：“世界大同，和合共生，这些都是中国几千年文明一直秉持的理念。”这一论述充分体现了中华民族传统文化中“天下情怀”和“天人合一”理念。“天下情怀”一方面体现为“以和为贵”，中国自古就崇尚和平、反对战争，主张各国家、各民族和睦共处，在尊重文明多样性的基础上推动文明交流互鉴。另一方面则体现为合作共赢，中国从不主张非此即彼的零和博弈，始终倡导兼容并蓄的理念，并切身践行这一理念，将自身发展机遇同世界各国分享，欢迎世界上其他国家搭上中国发展的“快车”，共享中国发展的成果；同时我们也希望世界各国能够携起手来共同应对全球挑战，希望通过汇聚大家的力量来为解决全球性问题作出更多积极的贡献。

“天人合一”观念回答的是自身与外部世界的关系问题，是对非此即彼思维方式的超越。我们应当明确，崇尚零和博弈、壁垒高筑、以邻为壑的理念和愿望不可能带来世界的和平与发展。中国人秉承天人合一的观念，认为自身与外部世界本来就是同一的，因为二者都遵循着相同的原则，人们的行为只要合乎这个原则，就可以与外部世界处于一个和谐的关系之中。各个国家只要摒弃非此即彼、两极对立的思维方式，坚持共商共建共享，坚持共同发展、合作共赢，就能够实现全球治理体系和国际秩序的变革，共同创造更加美好的人类未来。

为世界谋大同蕴含于共产党人追求人类解放的价值初心。为世界谋大同的价值理念可以看作是马克思“人类解放”理论合乎时代与现实的自然延伸。为世界谋大同作为中国共产党的一项重要使命，体现了中国共产党为实现全人类的解放而努力的崇高价值追求，体现了中国共产党的人类情怀和世界历史视野。为绝大多数人谋福利，让人民大众摆脱自然界、人类社会和思想的奴役和压迫，实现每个人的自由全面发展，是马克思主义一以贯之的最高理想、价值追求和逻辑起点。这个价值理想也一直处在人类共同价值的制高点。中国共产党是以马克思主义为指导的政党，必须坚持马克思主义的人民立场，也就要求中国共产党必须把造福人民和人类解放作为自己的终身价值追求。为世界谋大同，体现了中国共产党不仅希望中国人民自己过得好，也希望各国人民都过得好的初心，这是对全人类前途命运的关切。中国共产党必将在伟大的历史实践中坚持马克思主义的核心价值追求，不断开辟通向自由王国的光明大道。正如习近平总书记所强调的：“中国共产党是为中国人民谋幸福的政党，也是为人类进步事业而奋斗的政党。中国共产党始终把为人类作出新的更大的贡献作为自己的使命。”

马克思主义指出，世界历史是人类不断打破地域的限制和克服各种局限而获得完全解放的过程，是世界各民族互相依存并走向统一的过程，全球化的真正的历史归宿是共产主义，即人类进入大同世界。这深刻揭示了在世界历史背景下民族解放与世界大同的辩证统一。当今世界正在变成一个日益密切联系的整体，越来越成为一个“地球村”，谁也不可能“绝世而独立”。任何民族国家过分强调本国的发展，打压其他国家的发展，拒绝从全人类的高度、各个民族共同发展的角度认识世界，不仅在理论上是狭隘和偏见的，而且在实践上也是错误和有害的。

为世界谋大同彰显出中国共产党人使命的历史担当。为世界作出更大的贡献，是中国共产党的一贯追求。毛泽东在20世纪50年代就曾提出：“中国是一个具有九百六十万平方公里土地和六万万人口的国家，中国应当对于人类有较大的贡献。”改革开放以来，我们党继承并发展了这一思想。1985年，邓小平讲道：“到下世纪中叶……社会主义中国的分量和作用就不同了，我们就可以对人类有较大的贡献。”习近平在亚洲文明对话大会开幕式上的演讲中指出：“今日之中国，不仅是中国之中国，而且是亚洲之中国、世界之中国。未来之中国，必将以更加开放的姿态拥抱世界、以更有活力的文明成就贡献世界。”我们党凝聚起全民族的磅礴力量，不仅将其用于自身建设，同时也将其用于为世界繁荣发展作出贡献。

当前，中国正在成为推动世界发展的中坚力量。中国是世界上人口数量第一、国土面积第三的大国，是世界第二大经济体，在世界上发挥着举足轻重的作用。中国有能力参与全球事务，中国也有责任推动世界发展和人类事业进步。为世界谋大同就是中国共产党把自身发展同国家、民族和世界的发展紧密联系起来，主动肩负起为人类作出新的更大贡献的使命。中国将积极融入世界、参与世界。中国的发展离不开世界，世界的发展也离不开中国；世界好，中国才能好，中国好，世界才更好。中国将一如既往地为世界和平稳定作贡献，一如既往地为世界共同发展作贡献，一如既往地为世界文明交流互鉴作贡献。这充分体现了我们党的博大胸襟、自觉的责任意识和强烈的担当精神。

为世界谋大同提供了关切人类共同命运的中国方案。为世界谋大同不是乌托邦，而是秉持“一花独放不是春，百花齐放春满园”的文明多样性理念构建人类命运共同体的现实实践。为世界谋大同不是追求单一的制度模式，而是秉持全人类共同价值，把世界作为一个整体、把人类作为一个整体而进行的宏大实践。

为世界谋大同不是追求单一的模式来改造整个世界。中国道路的成功有力回击了认为实现现代化只有一条道路可走的错误观点。为世界谋大同秉持各美其美、美美与共的原则，认为每个国家都有着不同的历史文化，有着不同的资源禀赋，有着不同的现实国情，一定可以找到适合自身状况的发展道路。广大发展中国家要在实践中积极进行探索，既要充分考虑自身现实经济基础、发展目标愿景、历史文化传统，也要注重听取人民意愿、尊重人民选择，才能实现独立自主、发展进步和人民幸福。

为世界谋大同不是一家独大、唱独角戏，中国不会走国强必霸的道路。中国的和平发展道路打破了国强必霸的大国崛起传统逻辑，开创了一种新的境界。中国选择以和平发展、合作共赢作为实现国家现代化、参与国际事务和处理国际关系的基本途径。为世界谋大同以同舟共济、合作共赢的新理念，寻求多元文明交流互鉴的新局面，寻求人类共同利益和共同价值的新内涵，寻求各国合作应对多样化挑战和实现包容性发展的新道路。中国始终坚持独立自主的和平外交政策，反对霸权主义和强权政治，不干涉别国内政，永远不称霸，永远不搞扩张，坚持走和平发展道路。

推动构建人类命运共同体是为世界谋大同的中国方案。人类命运共同体倡导建设持久和平、普遍安全、共同繁荣、开放包容、清洁美丽的世界，主张相互尊重、平等协商，用对话而非对抗的方式解决国际争端，推动经济全球化朝着更加开放、包容、普惠、平衡、共赢的方向发展。现如今在中国的积极推动下，人类命运共同体已经获得了广泛的认可，多次被写入联合国文件，正在从理念转化为现实，并产生广泛而深远的国际影响，引领着人类文明进步的方向。

【习言习语】

中国共产党是世界上最大的政党。我说过，大就要有大的样子。中国共产党所做的一切，就是为中国人民谋幸福、为中华民族谋复兴、为人类谋和平与发展。我们要把自己的事情做好，这本身就是对构建人类命运共同体的贡献。我们也要通过推动中国发展给世界创造更多机遇，通过深化自身实践探索人类社会发展规律并同世界各国分享。我们不“输入”外国模式，也不“输出”中国模式，不会要求别国“复制”中国的做法。

——2017 年 12 月 1 日，习近平总书记在中国共产党与世界政党高层对话会上的主旨讲话

【深度思考】

中国共产党的初心使命是否包含“为世界谋大同”？

【延伸阅读】

习近平：《把世界各国人民对美好生活的向往变成现实》（2017 年 12 月 1 日），载《习近平谈治国理政》第三卷，外文出版社，2020，第 433—438 页。

34. 如何理解全面从严治党首先要从政治上看，不断提高政治判断力、政治领悟力、政治执行力？

【学“习”问道】

全面从严治党，基础在全面，关键在严，要害在治。“全面”覆盖党的建设的各个领域、各个方面，涉及党的政治建设、思想建设、组织建设、作风建设等，目的在于提高党在政治事务、经济事务、社会事务等方面的领导能力。既然全面从严治党涉及诸多方面，为什么突出强调要首先从政治上看，并不断提高政治判断力、政治领悟力、政治执行力？

全面从严治党覆盖党的建设的方方面面，但政治建党是首要的，它是确保马克思主义政党本色的核心要义。习近平总书记在主持中共十九届中央政治局第六次集体学习时指出：“不从政治上认识问题、解决问题，就会陷入头痛医头、脚痛医脚的被动局面，就无法从根本上解决问题。”抓好政治建党这一关键，就能够有效保障党的纯洁性和先进性，提升党在管理经济、社会等事务方面的能力。中国共产党自诞生之日起，就担负着为中国人民谋幸福、为中华民族谋复兴、为人类谋和平与发展的政治责任。这需要一个漫长的过程，必然要面对各种风险和挑战。因此全面从严治党首先要从政治上看，不断提高政治判断力、政治领悟力、政治执行力。

中国共产党的领导是中国特色社会主义最本质的特征，是中国特色社会主义制度的最大优势，党自身的建设直接影响着中国特色社会主义事业的发展进程。在新的时代起点，面对党自身发展的客观情况以及社会发展的客观要求，习近平总书记在十九届中央纪委第五次全会上发表重要讲话，强调全面从严治党首先要从政治上看，不断提高政治判断力、政治领悟力、政治执行力，一刻不停推进党风廉政建设和反腐败斗争，充分发挥全面从严治党的引领保障作用，以强有力的政治监督，确保“十四五”时期我国的发展目标任务落到实处。

把准政治方向，是全面从严治党的首要要求。旗帜鲜明讲政治是马克思主义政党的鲜明特征，政治方向是党生存发展的首要问题，事关党的前途命运和事业兴衰成败。作为党员干部，要时刻牢记“政治上的主动是最有利的主动，政治上的被动是最危险的被动”这个道理，如果在政治方向上出现偏差，就会犯颠覆性错误。习近平总书记指出，自党的十八大以来，在全面从严治党实践中，党内存在的很多问题都同政治问题有关联，都是因为党的政治建设没有抓紧、没有落实。当前，中国特色社会主义已进入新时代，面临着统筹中华民族伟大复兴战略全局和世界百年未有之大变局的艰巨而又复杂的历史重任，面临着加快构建以国内大循环为主体、国内国际双循环相互促进的新发展格局的艰巨而又重大的战略任务。完成好这些重大而艰巨的任务，需要我们敏锐把握国内外形势的深刻变化及其对我国发展带来的风险和挑战，既准备好防范风险的先手，又准备好应对和化解风险挑战的高招；需要我们把牢政治大方向，并从政治大方向审视党自身所处的时代环境和政治责任，不断加强党的政治建设，为推动中国特色社会主义事业发展提供坚强领导。新时代坚守政治方向，就是坚守共产主义远大理想和中国特色社会主义共同理想、“两个一百年”奋斗目标，就是坚持党的基本理论、基本路线、基本方略，就是要始终坚持以习近平新时代中国特色社会主义思想为指导，始终在思想上、政治上、行动上同以习近平同志为核心的党中央保持高度一致。

新时代背景下，要推进全面从严治党，必须以党的政治建设为统领，增强“四个意识”，坚定“四个自信”，坚定拥护“两个确立”，坚决践行“两个维护”，把准政治方向，坚持党的政治领导，夯实政治根基，涵养政治生态，防范政治风险，永葆政治本色，提高政治能力，不断提升党的政治建设水平。全面从严治党，关键的一点是锻炼广大党员，保持党员的党性纯洁以及提高党员的政治能力。政治能力的提升很重要的一条就是要善于从政治上分析问题、解决问题。只有从政治上分析问题才能看清本质，只有从政治上解决问题才能抓住根本。党员的政治能力主要包括政治判断力、政治领悟力和政治执行力。增强政治意识、提高政治能力，说到底就是要涵养忠诚、锤炼党性、凝聚人心。

政治判断力是政治敏锐性和政治鉴别力的集合体。思想不迷航，行动不偏航，提高政治判断力是前提。中国共产党是在内忧外患中诞生，在磨难挫折中成长，在战胜风险挑战中壮大，在苦难征程中创造灿烂辉煌的，始终有着强烈的忧患意识、风险意识。新的发展形势下，我们面临着更为复杂多变的发展和安全环境，各种可以预见和难以预见的风险因素明显增多，如果得不到及时有效控制就有可能演变为政治风险。因此，全党同志尤其是党的领导干部必须科学把握形势变化，增强风险意识，提高自身的政治判断力，有效抵御风险挑战，占据政治上的主动，赢得全局上的优势。

准确的政治判断需要坚定的政治原则和政治立场，中共党员的政治原则是坚决服从党中央统一领导、统一指挥，坚定维护党中央权威和集中统一领导，以实际行动拥护“两个确立”、做到“两个维护”。中共党员的政治立场是人民立场，党始终代表中国最广大人民的根本利益。江山就是人民，人民就是江山。一个政党、一个政权，其前途命运取决于人心向背。人民群众反对什么、痛恨什么，党就要坚决防范和纠正什么。只有坚守政治原则和政治立场，才能有明确的政治判断标准，才能增强政治风险防范意识。推进全面从严治党，要重点教育引导党的各级领导干部不断增强自身的政治判断力，对容易诱发政治问题特别是重大突发事件的敏感因素、苗头性倾向性问题，要精准识别、见微知著、洞察秋毫，善于从错综复杂的矛盾关系中把握政治逻辑，透过现象看本质、辨是非，做到眼睛亮、见事早、行动快，及时消除各种政治隐患，及时阻断风险转化通道，防止非政治性风险蔓延为政治风险。要高度重视并要在与错误理念和事件的斗争中，坚决防止和克服嗅不出敌情、分不清是非、辨不明方向的政治麻痹症。当年，毛泽东评价叶剑英“诸葛一生唯谨慎，吕端大事不糊涂”，就是肯定叶剑英有着过硬的政治判断力，在大是大非面前能坚定政治立场，在大节处能看清要害，在关键时刻发挥了重要作用。这也启示我们，每一个党员特别是领导干部这个“关键少数”，在大是大非面前的政治判断力至关重要，决定着其态度、立场和表现，更决定着我们党和国家事业的兴衰存亡。

政治领悟力即对党的指导思想和党的基本理论、基本路线、基本方略等的正确理解能力。党员和各级干部只有提高政治领悟力，才能正确地理解党中央在关心什么、强调什么，深刻领会什么是党和国家最重要的利益，才能形成正确的政治意识、政治自觉、政治立场，遇到事情能够从政治上思考、把握、掂量，办事讲政治规矩、政治要求、政治效果。这就要求广大党员干部在对待党的指导思想，对待党的基本理论、基本路线、基本方略时要始终心系国之大者，不断加强学习，结合自身工作经历深刻领会和理解其中的指导意义；要切实在学懂弄通做实党的创新理论上下功夫，自觉用党的创新理论武装头脑、指导实践、推动工作；要自觉加强对党的历次代表大会内容的学习，准确掌握会议精神；要在面对具体事务时，从政治层面而非其他层面、从人民角度而非其他角度予以看待和处理；要在日常的工作中多进行自我反思和自我批评，认清并改正自身存在的错误认知，使自身始终与党中央、党组织在思想上保持高度一致。除了党员自觉加强自我教育和学习之外，党组织应有计划有步骤地加强党员的理论学习和政治教育，不断提高党员的政治领悟力。“不忘初心、牢记使命”主题教育的一个重要目的就是锤炼党员特别是党的领导干部忠诚干净担当的政治品格，确保全党思想统一、步调一致。考察一名党员干部尤其是高级党员干部的素质和能力，首先看的就是政治上是否站得稳、靠得住。要做到这一点，最重要的就是牢固树立“四个意识”，自觉在思想上、政治上、行动上同党中央保持高度一致，坚决维护习近平总书记党中央的核心、全党的核心地位，坚决维护党中央权威和集中统一领导。政治领悟力的提高不是一时之功，要注重在日常工作中不断地加强理论学习、自我反思、自我批评等。

政治执行力即确保党中央决策部署贯彻落实的实践能力。中国共产党是按照马克思主义建党原则建立起来的革命型政党，经过百年的发展已形成了包括党的中央组织、地方组织以及基层组织在内的严密组织体系。在这一组织体系中，党中央是大脑和中枢，党中央必须有定于一尊、一锤定音的权威。党的地方组织的根本任务是确保党中央决策部署贯彻落实，有令即行、有禁即止。党员特别是党的领导干部要强化组织观念，自觉做到思想上认同组织、政治上依靠组织、工作上服从组织、感情上信赖组织，要从知行合一的角度审视自己、要求自己、检查自己。对党中央的决策部署，必须坚定坚决、不折不扣、落实落细。在执行过程中，要严格遵守党的政治纪律，在重大原则问题和大是大非面前，必须立场坚定、旗帜鲜明。邓小平在接见共青团三届四中全会成员时曾指出：“如果你没有得到党委的同意，自己另干了，那么党委就不支持你。你也可以干一干，有时干的也对得上口径，但是遇到不对口径的时候，党委讲一句不要干了，那么你干的事就都吹了。”这一表述从政治作为角度强调了政治执行力的重要性，政治作为只有与党的决策部署同向同行时才能够得到肯定和支持，否则就是对党的决策部署执行力不足，这必然会影响到党的权威和集中统一领导。坚持和加强党的领导，首先要维护党中央权威和集中统一领导，保证全党令行禁止，这是党和国家前途命运所系，是全国各族人民根本利益所在。对此，所有党员尤其是党的领导干部必须保持十分清醒的认识，不断提升自身的政治执行力。

任何时候，全面从严治党都必须首先从政治上看，坚守政治原则和政治立场，不断加强政治判断力、政治领悟力、政治执行力，始终确保党的纯洁性和先进性。做好党的政治建设，就是做好党的根本建设，这决定着党的建设方向和效果。中国特色社会主义进入新时代，全面从严治党永远在路上。

【习言习语】

严肃党内政治生活是全面从严治党的基础。党要管党，首先要从党内政治生活管起；从严治党，首先要从党内政治生活严起。我们要加强和规范党内政治生活，严肃党的政治纪律和政治规矩，增强党内政治生活的政治性、时代性、原则性、战斗性，全面净化党内政治生态。全党同志要增强政治意识、大局意识、核心意识、看齐意识，切实做到对党忠诚、为党分忧、为党担责、为党尽责。

——2016 年 7 月 1 日，习近平总书记在庆祝中国共产党成立 95 周年大会上的讲话

【深度思考】

如何理解全面从严治党首先要从政治上看，不断提高政治判断力、政治领悟力、政治执行力?

【延伸阅读】

习近平:《总结党的历史经验 加强党的政治建设》,《求是》2021 年第 16 期。

35. 习近平总书记为什么特别强调问题意识和问题导向?

【学“习”问道】

党的十八大以来，习近平总书记深刻把握我国经济社会发展中的重大问题，深刻洞悉历史和时代发展的规律，发表了一系列重要讲话，提出了一系列治国理政新理念新思想新战略。习近平总书记系列重要讲话精神具有强烈的问题意识和鲜明的问题导向，深刻回答了新的历史条件下坚持和发展中国特色社会主义的一系列重大理论和现实问题，形成了科学严谨、内涵丰富、博大精深的理论体系。新时代，习近平总书记为什么特别强调问题意识和问题导向?

习近平总书记强调:“问题是事物矛盾的表现形式，我们强调增强问题意识、坚持问题导向，就是承认矛盾的普遍性、客观性，就是要善于把认识和化解矛盾作为打开工作局面的突破口。”党的十八大以来，习近平总书记围绕政治、经济、文化、社会、生态、军事、党建中的重大问题发表了一系列重要讲话，指出要“深入研究影响和制约经济社会持续健康发展的突出问题，深入研究人民群众反映强烈的热点难点问题，深入研究党的建设面临的重大理论和实际问题，深入研究事关改革发展稳定大局的重点问题，深入研究当今世界政治经济等领域的重大问题”，体现了以习近平同志为核心的党中央具有强烈的问题意识和鲜明的问题导向，这也为新时代我国找准经济社会发展中的问题、思考问题、解决问题提供了方法指南。

党的十八大以来，习近平总书记在多个场合指出：“要有强烈的问题意识，以重大问题为导向，抓住关键问题进一步研究思考，着力推动解决我国发展面临的一系列突出矛盾和问题”，“高度关注苗头性倾向性潜在性问题，有效防范‘黑天鹅’事件，‘灰犀牛’事件冲击”。新时代，习近平总书记为什么特别强调问题意识和问题导向？有何具体考量和顶层规划？这背后体现了以习近平同志为核心的党中央的何种执政智慧和治理能力？这对新时代中国全面深化改革、全面建成小康、贯彻新发展格局又有何推动作用？

其一，习近平总书记特别强调增强问题意识和坚持问题导向，因为这是马克思主义世界观和方法论的具体体现。习近平总书记始终坚持马克思主义的立场和信仰，善于运用马克思主义观点和方法，是一位坚定的马克思主义者。马克思主义经典作家和中国共产党领导人都善于“从问题出发”。马克思认为“问题就是时代的口号，是它表现自己精神状态的最实际的呼声”。马克思、恩格斯正是正确认识到资本主义经济危机、文化颓废、分配不均、住宅短缺等时代问题，揭示了资本主义内生性矛盾及其必然灭亡的时代命运，提出了社会主义必然胜利的科学论断，指导了世界无产阶级革命运动。毛泽东则立足于辩证唯物主义的世界观和方法论，从“矛盾”出发强调要认识问题的本质，方能有的放矢地解决问题。毛泽东强调：“什么叫问题？问题就是事物的矛盾，哪里有没有解决的矛盾，哪里就有问题。”对此，习近平总书记认为，“只有立足于时代去解决特定的时代问题，才能推动这个时代的社会进步”。当前社会发展的“新矛盾”和“旧矛盾”相互交织，必然要强调问题意识和问题导向。需要指出的是，习近平总书记特别指出，要坚持马克思主义的世界观和方法论，尤其是中国共产党人和领导干部要善于学习运用辩证唯物主义和历史唯物主义的世界观和方法论，去认识工作中出现的实际问题，并思考问题和解决问题。

其二，习近平总书记特别强调增强问题意识和坚持问题导向，因为这是应对国家发展的新形势新任务的重要抓手。2013 年 11 月，习近平总书记就《中共中央关于全面深化改革若干重大问题的决定》向全会作说明时指出，当今中国经济社会发展面临着新形势新任务新要求，比如如何让政府的效率和效能进一步提高，如何让经济社会发展环境更加公平有序，如何让社会更加和谐稳定，如何让党的执政能力和领导水平进一步提高。为此，习近平总书记指出，要牵住“牛鼻子”，抓住关键问题，思考重点问题，解决突出问题，方能正确应对我国发展面临的新形势和新任务。以习近平同志为核心的党中央团结带领全党全国各族人民搞建设、推改革、促发展、谋复兴，都始终围绕现实问题，其重要目标就是解决梗阻中华民族伟大复兴的现实问题，而所有现实问题的解决都离不开改革的方法。正如习近平总书记指出：“我们用改革的办法解决了党和国家事业发展中的一系列问题。”为此，以习近平同志为核心的党中央面对国家经济社会发展过程中的新形势和新任务新要求，不仅善于增强问题意识，提升使命感和紧迫感，具有忧患意识，更善于以问题为导向，科学研判和分析新形势，具有创新意识。

其三，习近平总书记特别强调增强问题意识和坚持问题导向，因为这是提高党执政能力和领导水平的客观要求。习近平总书记强调：“我们中国共产党人干革命、搞建设、抓改革，从来都是为了解决中国的现实问题。”作为一个执政党，提高执政能力和领导水平是中国共产党自我革命的内在要求。中国共产党的治国理政就是奔着问题去，奔着人民大众关切的问题去。在治国理政的过程中，把问题找到找准，把根源挖深，着力解决突出问题，是执政能力和领导水平高的体现。作为世界上最大的执政党，中国共产党面临的挑战和危险是难以想象的。在复杂挑战和危险中，中国共产党人必须要增强问题意识和坚持问题导向，保持清醒，具有定力、领导力和执行力。习近平总书记指出，中国共产党面临的长期执政、改革开放、市场经济和外部环境的考验，依然严峻；精神懈怠、能力不足、脱离群众和消极腐败的危险，愈发凸显。2013 年，习近平总书记提出了中国共产党在执政的过程中仍然面临着“赶考问题”。“当年党中央离开西柏坡时，毛泽东同志说是‘进京赶考’。60 多年过去了，我们取得了巨大进步，中国人民站起来了，富起来了，但我们面临的挑战和问题依然严峻复杂，应该说，党面临的‘赶考’远未结束。”其实，新时代“赶考问题”就是要求中国共产党提升执政能力和领导水平，“走好新时代长征路”。2021年2月，习近平总书记在贵州考察时就指出：“落实新时代党的建设总要求，实事求是、坚持真理，科学应变、主动求变，咬定目标、勇往直前，走好新时代的长征路。”由此可见，强调问题意识和问题导向，不仅有利于提高党的执政能力，加强党的自身建设，推进党的自我革命，促进党的理论创新和实践创新，更有利于提高领导水平，始终保持对国内外形势的科学研判，进而在国内外竞争中处于主动地位，保障中国行稳致远。

【习言习语】

我们强调，要有强烈的问题意识，以重大问题为导向，抓住关键问题进一步研究思考，着力推动解决我国发展面临的一系列突出矛盾和问题。我们中国共产党人干革命、搞建设、抓改革，从来都是为了解决中国的现实问题。可以说，改革是由问题倒逼而产生，又在不断解决问题中得以深化。

——2013年11月9日，习近平总书记在中共十八届三中全会上的讲话

【深度思考】

习近平总书记为什么特别强调问题意识和问题导向？

【延伸阅读】

习近平：《坚持用马克思主义及其中国化创新理论武装全党》，《求是》2021年第22期。

36. 在和平建设时期，为什么我们仍然要强调革命精神？

【学“习”问道】

中国共产党经过100年的奋斗探索，形成和培育了许多具有特定内涵的革命精神。这些精神和作风，集中体现了党的性质和宗旨，体现了共产党人的世界观、人生观和价值观。纵观党的历史发展全过程，可以清楚地看到：每当党和国家事业发展的重要关头，用革命精神和优良传统武装起来的中国共产党人克服了重重困难，创造出了一个个历史奇迹。那么，身处和平年代，我们为什么仍然要强调革命精神呢？

习近平总书记指出：“不忘初心、牢记使命，就不要忘记我们是共产党人，我们是革命者，不要丧失了革命精神。”人无精神则不立，国无精神则不强。精神是一种理念、是一个民族赖以长久生存的灵魂。改革开放以来，西方思潮和资本主义腐朽思想以各种形式渗透进中国人民的生活中，试图占领中国的意识形态高地。有种错误说法是：我们现在处于和平年代，不需要革命精神了。这种说法的实质是否定中国共产党的革命的正当性和合理性，进而否定社会主义革命带来的民族复兴的成果。新时代，我们虽然远离了硝烟战火，但我们为什么依然要强调革命精神？作为共产主义事业的接班人，我们为什么要向革命先烈学习，向革命先烈看齐，让革命先烈的精神薪火相传？在推进中华民族伟大复兴和决胜全面建成小康社会的背景下，我们应该弘扬哪些革命精神？

党的十八大以来，习近平总书记在多个场合强调和平年代不应该忘记革命精神。“要实现党和国家兴旺发达、长治久安，全党同志必须保持革命精神、革命斗志。”“今天，我们要结合新的时代条件，坚持坚定执着追理想、实事求是闯新路、艰苦奋斗攻难关、依靠群众求胜利，让井冈山精神放射出新的时代光芒。”尤其是在中国人民志愿军抗美援朝出国作战 70 周年之际，习近平总书记强调在和平年代不忘英雄，不忘弘扬英雄精神。“在新时代继承和弘扬伟大抗美援朝精神，为实现中华民族伟大复兴而奋斗。”由此可见，中国共产党成立 100 年来，历经风霜雨雪、险滩激流，团结带领人民进行革命、建设和改革，取得了举世瞩目的伟大成就，锻造出感天动地、恢宏壮阔的伟大革命精神，主要包括红船精神、井冈山精神、长征精神、延安精神、西柏坡精神、抗美援朝精神等。革命精神集中体现了中国共产党人的政治觉悟、意志品质、思想道德和工作作风，是融于民族血脉和灵魂的丰富滋养，是鼓舞和激励中国人民不断攻坚克难、从胜利走向胜利的强大精神动力。革命精神承载着我们党百年的奋斗与辉煌、光荣与梦想，是一笔十分宝贵的精神财富，是激励中国人民砥砺前行、开拓进取的强大精神动力。和平建设时期，大力强调革命精神具有十分重要的作用。

其一，和平建设时期，强调革命精神是居安思危的需要。习近平总书记强调：“做到居安思危，是我们治党治国必须始终坚持的一个重大原则。”当前，世界很不安宁，中东动乱，“地球村村霸”单边主义肆无忌惮，美国挥舞贸易大棒四面出击；党内“四大考验”依然存在，扫黑除恶正在推进；等等。这些都要求我们要坚定斗争意志。斗争意志从何处来？只能从革命精神中来。从红船精神到先驱精神，从八一精神到井冈山精神，从百色起义精神到古田会议精神，从苏区精神到抗战精神，从东北抗联精神到长征精神，从遵义会议精神到延安精神，从南泥湾精神到沂蒙精神，从西柏坡精神到大庆精神，从红旗渠精神到“两弹一星”精神，从焦裕禄精神到雷锋精神，从塞罕坝精神到特区精神，从女排精神到载人航天精神，再到抗震救灾精神等，都是我党为人民而奋斗的革命精神。这些革命精神都有一个共同点，就是永不言败、愈挫愈勇的斗争意志。所以我们要强调革命精神，坚定斗争意志。

其二，和平建设时期，强调革命精神是坚定理想信念的必然要求。理想信念是一个人实现梦想的精神支柱，也是一个民族能够独立、一个国家实现富强的精神动力。习近平总书记强调：“我们党是否坚强有力，既要看全党在理想信念上是否坚定不移，更要看每一位党员在理想信念上是否坚定不移。”不管是进行艰苦卓绝的革命斗争，还是应对严峻复杂的国内外形势，理想信念始终是中国共产党人克服千难万险的勇气和力量来源。对此，习近平总书记强调延安精神这种革命精神是和平年代永葆理想和信仰的精神食粮。“今天，全面从严治党要继续从延安精神中汲取力量。要把抓理想信念贯穿始终，提高辩证思维、系统思维能力，保持党同人民群众的血肉联系，始终为党和人民事业艰苦奋斗、不懈奋斗。”正是这种始终坚持共产主义的崇高理想和建设中国特色社会主义的坚定信念，支撑着我们党不断奋斗、顽强奋斗、接续奋斗，取得一次又一次的胜利。

其三，和平建设时期，强调革命精神是激发新时代奋斗伟力的需要。强调革命精神能为实现中华民族伟大复兴注入不竭动力。革命精神是中国共产党凝聚民心的宝贵财富，是中国共产党团结奋进的看家法宝，是中国共产党攻坚克难的力量源泉，是中国共产党走向胜利的政治优势。革命精神体现出党和人民战天斗地的战斗力，是激励全国人民奋发图强的动力。习近平总书记在江西考察时说，在中央苏区和长征途中，党和红军就是依靠坚定的理想信念和坚强的革命意志，一次次绝境重生，愈挫愈勇，最后取得了胜利，创造了难以置信的奇迹。我们要坚定革命理想和革命宗旨，继续高举革命旗帜，弘扬伟大的长征精神，朝着中华民族伟大复兴的目标奋勇前进。

那么，在和平建设时期，要弘扬哪些革命精神？一是要学习传承革命先辈知难而进的精神，勇啃“硬骨头”。改革进入攻坚期、深水区，前行之路布满荆棘。党员要有“明知山有虎，偏向虎山行”的勇气，在困苦面前不胆怯、不退缩，走在前、做表率，带头攻坚克难、勇攀高峰。二是要学习传承革命先辈敢为人先的精神，勇闯“新路子”。党员要有自我革新的勇气和胸怀，与时俱进，锐意进取，冲破教条主义、经验主义的束缚，积极探索新形势下推动工作上台阶的新思路、新机制、新方法，当好改革促进派。三是要学习传承革命先辈大义凛然的精神，勇碰“硬钉子”。尤其是党员既要严格遵守党纪法规，自觉接受监督，也要坚持原则立场，不怕得罪人，敢于监督，敢于揭露问题、纠正问题，与不良现象作斗争，切实维护党中央权威和人民的利益。四是要学习传承革命先辈舍己为人的精神，勇挑“重担子”。担当是一种责任，对党员来说也是一种义务。党员不能等同于一般群众，要坚持人民利益至上，做到吃苦在先，享受在后，克己奉公，多做贡献，哪里任务重、风险大，就去哪里。

【习言习语】

我们缅怀这段历史，就是要继承和发扬老一辈革命家“宜将剩勇追穷寇，不可沽名学霸王”的革命到底精神，不断增强中国特色社会主义的道路自信、理论自信、制度自信、文化自信，勇于进行具有许多新的历史特点的伟大斗争，坚决战胜前进道路上的各种艰难险阻，使“中国号”这艘巨轮继续破浪前进、扬帆远航。

——2019 年 9 月 12 日，习近平总书记在参观北京香山革命纪念地时的讲话

【深度思考】

在和平建设时期，为什么我们仍然要强调革命精神?

【延伸阅读】

习近平:《在党史学习教育动员大会上的讲话》,《求是》2021年第 7 期。

37. 我们为什么持续整治形式主义和官僚主义?

【学“习”问道】

在社会主义革命、建设和改革的各个时期，中国共产党带领人民取得了极大成就。在这背后，中国共产党发挥着关键性领导作用，而党的作风建设的持续向好更是根本支撑。在中国特色社会主义现代化建设的征程中，习近平总书记始终将整治形式主义和官僚主义作为党的重要工作。为什么中国共产党持续整治形式主义和官僚主义?

形式主义和官僚主义是党在新时代面临的重大课题，也是党内长期存在的顽瘴痼疾。习近平总书记多次阐释形式主义和官僚主义的表现和实质。就形式主义而言，形式主义主要表现为知行不统一、重形式轻效果，搞“形象工程”、文山会海等。在学习上表现为不认真学习专业知识，敷衍了事，浅尝辄止，无法在实际工作中运用知识解决实际问题；在工作中表现为过于注重会议和文件，热衷于造声势、出风头，将安排领导讲话、上电视、发新闻作为头等大事。形式主义实质是主观主义、功利主义，根源是政绩观错位、责任心缺失。就官僚主义而言，官僚主义主要表现为脱离实际、背离群众，高高在上、忽视现实，唯我独尊、自我膨胀。具体表现：第一，不愿深入群众当中。对当地实际缺乏了解，不愿意深入基层，不愿意听取人民群众的意见，不愿意同人民群众打交道，最终无法解决人民群众密切关心的问题。第二，盲目决策。官僚主义的通病在于决策的不科学性，拍脑袋做决策，盲目地铺摊子、上项目，最终后果就是留下一个烂摊子。第三，官僚主义最让群众深恶痛绝的是不办事。官僚主义突出表现的一点是，由过去的“脸难看、门难进、事难办”转变为“脸好看、门好进，事依旧难办”，经常会站在人民群众“上面”或“对立面”而不是“中间”，盲目地照本宣科地执行上级的命令，办事设置高门槛，最终引起人民群众的抵触。官僚主义实质是根深蒂固的封建残余思想作祟，根源是官本位思想严重、权力观扭曲。

形式主义和官僚主义的表现形式多样，但其呈现的长期性、复杂性、反复性等特点使我们必须持续整治它。一是从历史演进的逻辑来看，形式主义和官僚主义存在于党的各个时期。自建党初期，我们党就高度重视该问题。1930 年，毛泽东同志在《反对本本主义》中曾说过，党的路线政策之所以不能很好地贴近人民群众，原因之一就在于形式主义的存在。1933 年，在《必须注意经济工作》中他又进一步指出：“官僚主义的领导方式，是任何革命工作所不应有的，经济建设工作同样来不得官僚主义。要把官僚主义这个极坏的家伙抛到粪缸里去，因为没有一个同志喜欢它。”可见党内对于形式主义、官僚主义等是极为反感的。1992

年初，邓小平在南方谈话中尖锐指出：“现在有一个问题，就是形式主义多。”各种文山会海一大堆，重复性内容太多，这些都不利于党和国家事业的发展，并且告诫“要腾出时间来多办实事，多做少说”。党的十八大以来，习近平总书记更是对该问题进行了系统的阐释，他一针见血地指出，“求真务实、真抓实干的对立面，就是弄虚作假，搞形式主义”，“聚焦突出问题，充分认识形式主义、官僚主义的多样性和变异性，摸清形式主义、官僚主义在不同时期、不同地区、不同部门的不同表现，紧密联系具体实际，既解决老问题，也察觉新问题”。由此可见，形式主义和官僚主义具有长期性特点，必须做好长久持续整治的准备。二是从具体表现形式上看，形式主义、官僚主义具有隐蔽性和复杂性。近年来，党对抓作风建设的力度和决心逐渐加大，党的纯洁性和先进性大大加强，人民群众对中国共产党的政党认同度和满意度越来越高。但不能忽视的是，形式主义、官僚主义的表现形式更加隐秘，由“地上”转向“地下”，由“台前”转向“幕后”。仍有一些领导干部存在作风不纯问题，有的领导干部在工作时看似忙碌，其实毫无作为，在接受上级的任务时，也是仅仅喊出口号，以营造热烈的宣传氛围为目的，出现了“口号震天响，行动不见长”的不好局面。三是从整治成效上看，形式主义和官僚主义具有反复性。整治形式主义、官僚主义是加强党的作风建设的重要内容。从毛泽东到习近平，整治形式主义和官僚主义的问题一直是党的重大课题，其存在的长期性和隐蔽性等特点直接衍生出反复性问题。因此，整治形式主义、官僚主义既是攻坚战，也是持久战，必须持续努力、久久为功。

如果放任形式主义和官僚主义，会给社会主义事业发展带来不可挽回的损害。一是破坏国家发展大计，阻碍社会发展进程。“金玉其外，败絮其中”，形式主义表现为“假大空”，尽做些表面文章，缺乏实际工作的内容，开会、调研阻碍了实际工作的开展；官僚主义“官本位”思想严重，习惯于做“甩手掌柜”，居高临下地“指手画脚”，不愿意、不主动了解实际情况，在工作时随意应付，致使党中央决策部署大打折扣，工作中权力观扭曲，站在人民群众对立面，不考虑人民群众的感受，与人民群众的距离逐步拉远。二是污染党内政治生态，败坏党风政风。风清气正的良好政治生态是政党实现健康发展的重要保障。形式主义、官僚主义会破坏党的作风，破坏真抓实干的工作氛围，进而影响党内政治生态的优化。自建党以来，中国共产党始终是全心全意为人民群众服务，在接续奋斗中带领人民逐步实现了站起来、富起来到强起来的伟大飞跃。但是形式主义、官僚主义的存在，却带来了许多“高级黑”“低级红”的问题，影响党在人民群众心目中的形象，对扩大党的执政资源、巩固党的执政根基造成了负面影响。三是违背公序良俗，毒害社会风气。党员干部的一切权力来自人民，要对人民负责，其工作岗位是联系人民群众的“窗口”和“桥梁”，党员干部的一举一动代表党的形象，而中国共产党的形象在很大程度上又代表着中国的形象。如果任由形式主义、官僚主义蔓延，上行下效，势必助长社会弄虚作假、脱离实际的作风，会影响一批人产生投机取巧、脱离实际的趋向，破坏我们党实事求是的思想路线，导致利己主义、自私自利、贪图享乐、安于现状、脱离实际等歪风邪气的蔓延，最终会导致社会秩序的紊乱。四是疏于自修自省，影响干部成长。领导干部作为“关键少数”，具有“方向盘”“风向标”作用，领导干部的工作作风往往会对某个部门、某个地区造成重要影响。热衷于搞形式主义、官僚主义，其领导的部门、下级必然会“上行下效”，投其所好，基层干部也会将弄虚作假作为晋升的投机渠道，不主动深入基层和实际调研工作，其从情感上会与人民群众日渐疏离。如果不进行整治，党员干部的执政能力会日趋退化，不适应新时代的需要，最终距离党和人民的要求渐行渐远，必将为时代和发展的大势所淘汰。

正因为形式主义和官僚主义危害巨大，加之其长期性、复杂性、反复性等特点，为了推进中国特色社会主义事业的发展，必须继续整治形式主义和官僚主义。首先，筑牢思想政治根基。形式主义、官僚主义之所以反复出现，归根到底是思想层面出现了问题，“总开关”没有把好。因此，必须要加强理论武装，把学习学习再学习摆在关键位置，在学懂、弄通、做实上下大功夫，要树立创新思维，结合新形势新使命新要求，与时俱进解决新问题、新矛盾。要彻底扭转“上有政策，下有对策”的状况，要表里如一、言行一致，坚定马克思主义信仰，树立崇高理想信念，坚定为人民谋幸福、为民族谋复兴的初心使命。要坚持正确的政绩观和权力观，多做让老百姓看得见、摸得着、得实惠的实事。要坚持以人民为中心的思想，贯彻党的群众路线，把对工作好坏的评判权交给人民群众，发挥“阅卷者”的主动权，不断提升人民群众的获得感、幸福感、安全感和满意度。其次，改进评价方法。不断推进评价方法更新，改变原有的“关门状态”下的评价方法，朝着构建多元化“开门式”社会开放评价体系转变。把人民群众作为重要的评价主体，一切以是否符合或满足人民群众的利益为根本评价标准。对领导干部的评价，要坚持实事求是，遵循公平公正的原则，充分吸纳人民群众的意见，确保经得起历史的检验。要不断改进和规范督查工作，不搞运动式轮番督查，不搞机械式对照检查，严禁多头考核、层层考核、搭车考核。再次，要建立严格问责和容错纠错一体化机制。推进全面从严治党不断走向深入，在建立完善的监督评价体系基础上，严厉问责，惩戒不作为、乱作为的“虚假型”问题干部，确保歪风邪气得到根本扭转。同时，对那些勇于担当、不谋私利的实干型干部，要给予充分激励，为其工作提供动力，并且要留有充足的容错空间，让他们消除后顾之忧。与此同时，要健全完善基层减负机制，切实给基层减轻担子，让干部在抓落实、抓实干上有更多时间和精力。最后，要发挥好领导干部的“关键少数”作用。“火车跑得快，全靠车头带。”领导干部是党和国家事业发展的“关键少数”，发挥着关键性引领作用。要充分发挥领导干部带头示范作用，形成上率下行的良好局面。此外，领导干部还要注重对上负责和对下负责相统一，时刻践行以人民为中心的发展思想，时刻把自己摆在人民群众中间，时刻与人民群众保持密切联系，做到以“关键少数”带动“绝大多数”，最终形成“头雁效应”。

【习言习语】

聚焦突出问题，充分认识形式主义、官僚主义的多样性和变异性，摸清形式主义、官僚主义在不同时期、不同地区、不同部门的不同表现，紧密联系具体实际，既解决老问题，也察觉新问题；既解决显性问题，也解决隐性问题；既解决表层次问题，也解决深层次问题，抓出习惯，抓出长效。

——2017年12月25日至26日，习近平总书记在中共中央政治局民主生活会上的讲话

【深度思考】

我们为什么持续整治形式主义和官僚主义？

【延伸阅读】

习近平：《推进党的建设新的伟大工程要一以贯之》，《求是》2019年第19期。

38. 如何有效解决领导干部不担当不作为的问题？

【学“习”问道】

习近平总书记指出：“严重的问题不是存在问题，而是不愿不敢直面问题、不想不去解决问题。”党的十八大以来，中国特色社会主义进入新时代，对干部队伍建设提出了新的更高要求。新时代，如何有效解决领导干部不担当不作为的问题？

“为政之要，惟在得人。”领导干部是党的事业兴旺发达的中坚力量。如何贯彻十九届五中全会精神，如何夺取全面建设社会主义现代化国家新胜利，顺利完成2035年基本实现社会主义现代化远景目标，最大限度地激励广大领导干部敢于担当、干事创业的后劲，是中国现代化建设中面临的课题。这需要领导干部履职尽责、勇于担责，以踏实肯干的精神开创社会主义现代化建设新局面。但是，现实中却存在领导干部不担当、不作为的现象，这成为主要的阻碍。

“不担当、不作为”是政治领域的一个现象，具体是指领导干部在履职尽责、干事创业、为民服务、社会管理等的进程当中，不履行或者不能完全履行自身应尽的职责，从而使服务质效降低和人民群众利益受损的现象。概而言之，就是领导干部“不想、不愿、不敢、不会、不真”担当作为。具体表现：有的干部有“船到桥头自然直”的懈怠思想，在工作上流于形式，习惯于“纸上谈兵”；有的遇到困难选择“绕着走”“掉头走”，没有花大力气、下硬功夫解决人民群众的烦心事、操心事、揪心事，没有维护好、实现好、发展好最广大人民的根本利益；有的以“踢皮球”的方式，将原本属于自身工作职责范围的“分内之事”抛出去；有的害怕在工作中犯错，不敢做决定，瞻前顾后，选择“移花接木”，让自己的下属单位干部签订“责任状”，美其名曰“权力下放”，其实质是为自己铸造“免死金牌”；有的拘泥于旧思维、老办法，缺乏应对新问题的创新性思维，缺乏解决时代难题的“真本事”，只能墨守成规；有的虽然理论知识丰富，但热衷于搞“花拳绣腿”，以表面的理论丰富掩盖自身能力的缺失，缺少在实践中运用理论解决问题的能力。

领导干部为何会出现不担当、不作为的表现呢？第一，理想信念的缺失。随着经济的发展，在外在诱惑因素的影响下，领导干部的政治思想认知从“单一化”转向“多元化”，从而造成部分领导干部理想信念与政治信仰出现动摇与缺失，有的甚至直接怀疑马克思主义的科学性并有摒弃马克思主义的苗头。缺少马克思主义信仰力量的支撑，理想信念就会不坚定，精神上就会“缺钙”，就会得“软骨病”，进而影响领导干部的判断和决策。正因为理想信念的缺失，有的干部以成就小我而舍弃大我，眼光局限于自身的发展，时刻以自我为中心，不顾及国家利益、集体利益和群众利益，对于与自己利益关系不大的，选择“事不关己高高挂起”的方式处理。第二，个人能力不足导致“本领恐慌”。有担当、有作为的前提是有真实的才干和解决问题的能力。中国共产党作为世界上最大的政党，要领导14亿多人民进行社会主义建设，既要有思想的保障，也要求自身拥有过硬的本领。具体来说，就是要增强解决实际问题的本领，以正确的政治思维领导人民，以创新的思维解决时代难题，树立共同体意识回应时代的要求，与人民群众站在一道，满足人民群众对美好生活的需要。只有具备这些本领的领导干部才可能有担当、有作为。那些因能力不足产生“本领恐慌”的领导干部或许经常会出现“心有余而力不足”的尴尬，但也有相当一部分满怀热情干事业，但缺少真才实干，只能“被迫”不担当、不作为，“虚假忙碌”自然也就司空见惯。第三，监督制度的不完善。一方面，随着全面从严治党的不断深入，对领导干部的监督和管理越来越严，对不作为的领导干部采取严厉的惩处措施，但是监督问责“雷声大雨点小”的现象时有出现，惩罚的力度不到位，使得不作为的领导干部无法得到应有的惩罚。监督宽松、惩罚不力是不担当、不作为产生的重要原因。另一方面，党的十八大以来，反腐败斗争取得压倒性胜利，党的反腐工作也得到了广大人民群众的拥护，但频繁的巡视巡查工作、监督工作以及监督部门问责工作，在发挥了积极作用的同时，也给地方政府的工作带来了一些副作用。有些地方监察职能部门对中央的精神和部署理解出现偏差，将实事求是抛诸脑后，忽略工作的实际情况，对地方政府层层加码，简单地直接问责，对于领导干部出现的问题，不分青红皂白“一票否决”，这为领导干部带来了巨大的工作压力。一些地方干部由于担心被追究责任，主动地采取不担当、不作为的工作形式，以此谋求自身不被问责。

基于此，解决不担当不作为的问题，应着眼于以下几个方面：

一要以党的政治建设为统领，推动干部讲政治、作表率。第一，构筑思想之基。要用马克思主义中国化的理论成果特别是习近平新时代中国特色社会主义思想武装领导干部，不断提升思想素养，引导他们树立坚定的马克思主义信仰，补足精神之“钙”。第二，坚持党的政治领导。要引导干部坚决做到“两个维护”，增强“四个意识”，响应中央号召，认真贯彻中央部署要求，保证不变形、不变质、不变色。第三，净化党内政治生态。要以转作风为抓手，牢固树立宗旨意识，处理好党群关系、干群关系，以人民为中心，变被动为主动，在为民谋福祉中展现作为担当。

二要完善正向激励机制，树立担当作为的鲜明导向。整治不作为不担当，必须激发干部干事创业的内生动力。第一，画定干部职责“保护线”。职责不明或职责交叉，成为不作为、不担当的重要因素。要借助党政机关机构改革的契机，通过健全体制机制，明确职责范围和界限，避免“越界”或相互“扯皮推诿”。第二，要有正确的用人导向。要认真落实好干部标准，为干部干事创业、奋发有为创造环境和条件。选聘干部要实现组织培养考察和群众意见相结合，让真正有作为、愿做事的干部“突出”出来。第三，优化干部考评方法。要坚持“能上能下”的原则，建立能者上、平者让、庸者下、劣者汰的干部考核机制。逐步构建多元化领导干部考核评价体系，不仅要进一步完善党内评价监督机制，还要增加人民群众、公众媒体和第三方专业评价机构等主体参与，避免单一考核评价主体存在盲区或者偏见从而影响考核评价的科学性、权威性与认可度，实现精准考核。

三要创新教育培训机制，提高干部担当作为本领。整治不作为不担当，必须提高干部干事创业的本领能力。第一，提高教育培训针对性。教育培训是提升干部本领能力的重要手段，要坚持“大水漫灌”和“精准滴灌”相结合，要做到“两点”和“重点”相统一，培训目标要契合实际、贴近现实、聚焦问题，切实为领导干部打造“护身铠甲”。第二，增强教育培训规范性。教育培训要注重科学性和规范性，要有战略思维，对教育培训要有前瞻性思考和全局性谋划，把培训质效和领导干部选拔任用紧密联系起来。要优化干部成长渠道，加强基层锤炼，做到增见识、长本事。第三，强化对干部的人文关怀和心理疏导。注重心理健康教育，构建心理疏导机制，形成工作上增效减负、生活上排忧解困、精神上鼓劲减压的良好局面，切实让领导干部安身、安心、安业，努力使他们更有获得感、归属感、自豪感。

四要建立容错纠错机制，为担当作为者卸下包袱。整治不作为不担当，必须解除干部担当作为的后顾之忧。第一，建立容错机制。要深刻理解“容错”的内涵，要坚决避免不分青红皂白问责的现象，要在实事求是的基础上，科学分析评判。对容错类型和程序要系统谋划，架好“高压线”、设好“底线”、画好“红线”，真正发挥容错机制作用。第二，建立纠错机制。对工作中出现失误或过错的干部，要本着“惩前毖后、治病救人”的原则，给予能改错、立新功的机会，防止出现“一追了之”“一票否决”的问题。第三，关爱给予容错的干部。不能戴着“有色眼镜”看待给予容错的干部，要坚持“只要改了还是好同志”的理念，坚持平等对待，保证这些干部的成长成才不受影响。

五要落实监督问责机制，逼促干部主动担当作为。整治不担当不作为，必须强化监督执纪问责。第一，监察问责要精准。要实现经常性监督和专项督查紧密结合，要从制度机制层面做好顶层设计，强化源头治理和防范。要紧盯重点领域、紧盯突出问题、紧盯“关键少数”，通过强化精准问责，进一步发挥好问责的利器作用，扎实推进责任落实。第二，始终高悬问责利器。不担当、不作为现象时有发生，要以“铁腕”手段扎实整治，该处理要处理，该问责定要问责。同时，积极建立多级联动的公开通报曝光制度，形成一种强大震慑的“威力”。第三，建立“庸懒散”治理长效机制。要积极建立自查自纠机制，要学会对标找差、主动认账，开展常态化定期检查，及时查找问题和不足，做到“立行立改”。要建立整改落实机制，积极开展“回头看”，督促开展问题剖析、成因分析，最终拿出实质性对策意见。建立责任倒查机制，不给不担当、不作为的领导干部提供生存空间，从而形成“问题不查清不放过、责任不追究不放过、整改不彻底不放过”的良好局面。

【习言习语】

现在，在一些党员、干部中，不愿担当、不敢担当、不会担当的问题不同程度存在。有的做“老好人”、“太平官”、“墙头草”，顾虑“洗碗越多，摔碗越多”，信奉“多栽花少种刺，遇到困难不伸手”，“为了不出事，宁可不干事”，“只想争功不想揽过，只想出彩不想出力”；有的是“庙里的泥菩萨，经不起风雨”，遇到矛盾惊慌失措，遇见斗争直打摆子。这哪还有共产党人的样子？！不担当不作为，不仅成不了事，而且注定坏事、贻误大事。

——2020 年 1 月 8 日，习近平总书记在“不忘初心、牢记使命”主题教育总结大会上的讲话

【深度思考】

如何有效解决领导干部不担当不作为的问题？

【延伸阅读】

习近平：《努力造就一支忠诚干净担当的高素质干部队伍》，《求是》2019 年第 2 期。

39. 为什么说坚决做到“两个维护”是民主集中制原则的内在要求？

【学“习”问道】

“两个维护”是指维护习近平总书记党中央的核心、全党的核心地位，维护党中央权威和集中统一领导。坚决做到“两个维护”就是凸显“集中统一”在国家政治生活中的重要地位。民主集中制是民主基础上的集中和集中指导下的民主相结合的制度，强调民主与集中二者间的有机结合。无论是基本意蕴还是着重点，二者之间均存在一定的区别。那么，为什么说坚决做到“两个维护”是民主集中制原则的内在要求？

民主集中制作为党的根本组织制度和领导制度，强调的是民主基础上的集中与集中指导下的民主，是党内民主与党的集中统一领导的有机结合，二者均是民主集中制原则的内在要求，缺一不可。“两个维护”是从政治层面强调党的领导核心与集中统一领导，即民主基础上的集中。坚决做到“两个维护”是保证全党团结统一、步调一致，带领全国各族人民决胜全面建成小康社会、奋力夺取新时代中国特色社会主义伟大胜利的根本政治保证。

在党的十九大报告中，习近平总书记强调：“完善和落实民主集中制的各项制度，坚持民主基础上的集中和集中指导下的民主相结合，既充分发扬民主，又善于集中统一。”作为党的根本组织原则和领导制度，民主集中制把充分发扬党内民主与善于集中统一有机结合起来，一方面最大限度地激发了党内的政治活力，另一方面能够统一全党的思想和行动，有力地防止了个人崇拜与自由主义思想在党内的传播，克服了议而不决、决而不行、行而不实的分散主义。维护党的领导核心以及维护党中央权威和集中统一领导，是我国革命、建设、改革的重要经验，是一个成熟的马克思主义执政党的重要建党原则。要从政治上看待“两个维护”，把握其强调党的领导核心与集中统一领导在贯彻民主集中制原则过程中的重要意义。党的十八大以来，以习近平同志为核心的党中央高度重视民主集中制建设，明确了完善和落实民主集中制各项制度的具体要求，并把坚持民主集中制作为新时代坚持和发展中国特色社会主义的基本方略的重要内容加以明确，为新时代贯彻执行民主集中制、实现党的二十大确定的各项部署、加强党的政治建设以及把党建设得更加坚强有力，提供了根本遵循。民主集中制是党的光荣传统、宝贵基因，要保证党的创造力、凝聚力、战斗力，确保党始终成为中国特色社会主义事业的坚强领导核心，就必须始终坚持发挥民主集中制这个最大制度优势。习近平总书记指出，我们实行的民主集中制，是又有集中又有民主、又有纪律又有自由、又有统一意志又有个人心情舒畅生动活泼的制度，是民主和集中紧密结合的制度。

《中国共产党章程》对民主集中制作了明确的概述，指出它既是党的根本组织原则，也是群众路线在党的生活中的运用。同时规定了民主集中制的六项基本原则，涉及党员与党组织关系、党的各级领导机关的产生、党的上下级组织间关系、党的各级委员会职责以及如何对待党的领导人等方面。六项基本原则对党开展党内政治生活、加强自身政治建设以及党的领导起到了重要的规范作用。中国共产党是按照马克思主义建党原则建立起来的政党，以民主集中制为根本组织制度和领导制度。党的五大第一次正式确立民主集中制的组织原则，会议通过的《中国共产党第三次修正章程决案》明确提出：党的指导原则为民主集中制，要按照民主集中制原则在一定区域内建立这一区域内党的最高机关，管理这一区域内党的部分组织。从中国共产党的历史来看，正是始终坚持民主集中制原则，党才能够多次成功应对重大危机，并发展为具有高度团结和进取精神的世界性大党。也正是始终坚持民主集中制原则，中国共产党才能带领中国人民取得了新民主主义革命以及社会主义革命、建设、改革等事业的成功，并继续推进中国特色社会主义事业在21世纪的发展。党的历史已经证明：什么时候民主集中制坚持得好，党就风清气正、充满生机活力，党的事业就蓬勃发展；什么时候民主集中制受到破坏，党内矛盾和问题就会滋生蔓延，党的风气就会受到损害，党的事业就会遭遇挫折。

贯彻执行民主集中制，要正确把握民主和集中的关系。民主集中制包括民主和集中两个方面，两者互为条件、相辅相成、缺一不可。坚持民主集中制原则，首先必须做好民主基础上的集中，坚决做到“两个维护”。当前，中国特色社会主义进入新时代，党领导人民进行伟大社会革命，涵盖领域的广泛性、触及利益格局调整的深刻性、涉及矛盾和问题的尖锐性、突破体制机制障碍的艰巨性、进行伟大斗争形势的复杂性，都是前所未有的。解决这些问题，必须严格贯彻民主集中制，着力破解发扬民主不足、正确集中不够、党内政治生活不严肃、管党治党宽松软等问题，坚持和加强党的全面领导，永葆党的生机活力。《中国共产党章程》明确规定：必须实行正确的集中，牢固树立政治意识、大局意识、核心意识、看齐意识，坚定维护以习近平同志为核心的党中央权威和集中统一领导，保证全党的团结统一和行动一致，保证党的决定得到迅速有效的贯彻执行。新时代背景下，党面对着国内外客观局势的转变以及自身建设要求的提高，担负着建设社会主义现代化国家的时代重任。没有高度集中统一的领导，就不可能推进社会主义现代化国家的建设进程，也必然使中国特色社会主义事业的发展遭遇挫折。习近平总书记在 2015 年全国党校工作会议上曾明确指出：“我们党是高度集中统一的马克思主义政党，思想上的统一、政治上的团结、行动上的一致是党的事业不断发展壮大的根本所在。”无论是一般党员还是党的领导干部，都必须增强看齐意识，毛泽东同志强调“看齐是原则”。邓小平同志指出：“一个党如果允许它的党员完全按个人的意愿自由发表言论，自由行动，这个党当然就不可能有统一的意志，不可能有战斗力，党的任务就不可能顺利实现。所以，要坚持和改善党的领导，必须严格地维护党的纪律，极大地加强纪律性。个人必须服从组织，少数必须服从多数，下级必须服从上级，全党必须服从中央。”

全党服从中央，是维护党中央权威的根本条件，是维护党的团结统一的根本条件，是实现党的集中领导的根本条件。党的民主集中制的“集中”，最根本的就是全党服从中央。全党要贯彻执行民主集中制，坚定“四个自信”，坚决做到“两个维护”，自觉在思想上、政治上、行动上同以习近平同志为核心的党中央保持高度一致，强化政治责任，保持政治定力，把准政治方向，提高政治能力，保持斗争精神，增强斗争本领，努力成为党的政治建设的引领者、实践者、推动者。

除了坚定做到“两个维护”，坚持民主集中制原则，还必须做好集中指导下的民主，不断推进和完善党内民主。《中国共产党章程》规定：必须充分发扬党内民主，尊重党员主体地位，保障党员民主权利，发挥各级党组织和广大党员的积极性创造性。民主与集中均是民主集中制原则的内在价值基础，二者是相辅相成的，没有民主就不可能有正确的集中。任何事情，如果不经过民主，即不广泛了解民意、党情，不充分让不同意见表达出来，是不可能做好的。只有充分发扬党内民主，才能充分调动党员积极性，集思广益，推动党的自身发展。正如习近平总书记所指出的：要把我们这样一个大党大国治理好，就要掌握方方面面的情况，这就要靠发扬党内民主而来，靠各级党组织和广大党员、干部广泛听取民声、汇聚民意而来。

无论是坚定做到“两个维护”，还是充分发扬党内民主，新时代下更好地坚持民主集中制原则的关键仍在于党的领导干部。对此，习近平总书记明确强调：“要健全和认真落实民主集中制的各项具体制度，促使全党同志按照民主集中制办事，促使各级领导干部特别是主要领导干部带头执行民主集中制。”发扬民主、善于集中、敢于担责是领导干部的基本政治素质。各级领导干部要力争把各方面的真实意见掌握全、掌握准，进行反复研究、反复比较，择善而从；要善于正确集中，把不同意见统一起来，把各种分散意见中的真知灼见提炼概括出来。领导干部要以身作则、以身示范，不断优化党内政治生活、发展积极健康的党内政治文化、营造风清气正的良好政治生态，努力打造又有集中又有民主，又有纪律又有自由，又有统一意志又有个人心情舒畅生动活泼的政治局面。

【习言习语】

“两个维护”的内涵是特定的、统一的，全党看齐只能向党中央看齐，不能在部门打着维护党中央权威的旗号损害民主集中制。党员、干部不论做什么工作、级别多高，都是党的干部、组织的人，要牢记第一职责是为党工作，重要提法都要同党中央对表。凡是重大问题、重要事项、重要工作进展情况，都必须按规定及时请示报告党中央。

——2019 年 7 月 9 日，习近平总书记在中央和国家机关党的建设工作会议上的讲话

【深度思考】

为什么说坚决做到“两个维护”是民主集中制原则的内在要求？

【延伸阅读】

习近平：《在中央和国家机关党的建设工作会议上的讲话》，《求是》2019年第21期。

40. 如何让习近平新时代中国特色社会主义思想入脑入心？

【学“习”问道】

习近平新时代中国特色社会主义思想是对马克思列宁主义、毛泽东思想、邓小平理论、“三个代表”重要思想、科学发展观的继承和发展，是马克思主义中国化最新成果，是党和人民实践经验和集体智慧的结晶，是全党全国人民为实现中华民族伟大复兴而奋斗的行动指南，必须长期坚持并不断发展。那么，如何让习近平新时代中国特色社会主义思想入脑入心？

习近平新时代中国特色社会主义思想系统回答了新时代坚持和发展什么样的中国特色社会主义、怎样坚持和发展中国特色社会主义这一重大时代课题，它是马克思主义中国化最新成果，也是党和国家必须长期坚持的指导思想。习近平新时代中国特色社会主义思想在形成和发展过程中，继承和发扬了马克思主义理论品质，呈现出当代中国马克思主义的鲜明理论特色。深入学习贯彻习近平新时代中国特色社会主义思想，使其入脑入心，应从以下几个方面进行把握。

第一，准确认识习近平新时代中国特色社会主义思想的历史地位。新时代催生新思想，新思想引领新时代。习近平新时代中国特色社会主义思想是新时代中国共产党坚持和发展马克思主义的最新理论成果，是当代中国马克思主义、21 世纪马克思主义，具有极其重要的历史地位，这是全党全国各族人民的共识。党的十九大把习近平新时代中国特色社会主义思想确立为党必须长期坚持的指导思想并写入党章，十三届全国人大一次会议通过的宪法修正案把习近平新时代中国特色社会主义思想载入宪法，实现了党和国家指导思想的与时俱进。党的十八大以来，中国特色社会主义进入新时代，我们党解决了许多长期想解决而没有解决的难题，办成了许多过去想办而没有办成的大事，推动党和国家事业发生历史性变革。这些都彰显了习近平新时代中国特色社会主义思想在指导实践、推动实践发展中展现出的强大真理力量和独特思想魅力。这一思想，体现了今天中国从“赶上时代”到“引领时代”的伟大跨越，体现了我们党始终站在时代前列、以先进理论引领时代发展的历史担当。

回顾中国共产党的百年发展历程，在中国共产党的坚强领导下，久经磨难的中华民族迎来了从站起来、富起来到强起来的伟大飞跃，习近平新时代中国特色社会主义思想开启并指引从富起来到强起来这一伟大飞跃新历程。准确认识习近平新时代中国特色社会主义思想的历史地位，应当从中华民族伟大复兴这一战略全局来看待，深刻把握习近平新时代中国特色社会主义思想贯穿着的马克思主义世界观和方法论，深刻把握其展现着的当代中国共产党人的政治立场、价值追求、精神风范，深刻认识其坚持辩证唯物主义和历史唯物主义，紧密结合新的时代条件和实践要求，以全新的视野深化对共产党执政规律、社会主义建设规律、人类社会发展规律的认识而形成的最新理论成果，深刻认识其继续引领中国实现第二个百年奋斗目标进而实现中华民族伟大复兴中国梦的根本指针作用。

第二，深刻领会习近平新时代中国特色社会主义思想的核心要义。习近平新时代中国特色社会主义思想，作为新时代中国共产党的思想旗帜和精神旗帜，内容十分丰富，涵盖改革发展稳定、内政外交国防、治党治国治军等各个领域、各个方面，构成了一个系统完整、逻辑严密、相互贯通的思想理论体系。其核心要义就是坚持和发展中国特色社会主义，具体体现在它从理论和实践结合上系统回答了新时代坚持和发展什么样的中国特色社会主义、怎样坚持和发展中国特色社会主义这一重大时代课题，回答了新时代坚持和发展中国特色社会主义的总目标、总任务、总体布局、战略布局和发展方向、发展方式、发展动力、战略步骤、外部条件、政治保证等基本问题，并且根据新的实践对经济、政治、文化、社会、生态文明、国防和军队、“一国两制”和祖国统一、外交、党的建设、思想方法和工作方法等各方面作出了理论分析和政策指导，为更好坚持和发展中国特色社会主义提供了思想武器和行动指南。把握住了这个核心要义，就把握住了最本质的东西，就把握住了改革开放以来党的理论创新成果的历史逻辑和内在联系。

第三，深入挖掘习近平新时代中国特色社会主义思想的文化底蕴。文化是一个国家和民族的灵魂，“在 5000 多年文明发展中孕育的中华优秀传统文化，在党和人民伟大斗争中孕育的革命文化和社会主义先进文化，积淀着中华民族最深层的精神追求，代表着中华民族独特的精神标识”。习近平新时代中国特色社会主义思想之所以具有深厚的文化底蕴，根本原因就在于其吸收借鉴了人类历史上一切优秀思想文化成果，当然包括中华优秀传统文化的滋养。文化兴国运兴，文化强民族强。文化是建设现代化强国的重要基础和力量源泉，为中国发展指明前进方向，为思想升华提供理论支撑。深入挖掘习近平新时代中国特色社会主义思想的文化底蕴，应当在传承与弘扬中华优秀传统文化中坚定文化自信，推动中华优秀传统文化创造性转化、创新性发展，不断继承革命文化和发展社会主义先进文化，满足人民日益增长的美好生活需要，在世界文化思潮相互激荡中站稳脚跟，增强做中国人的志气、骨气、底气。

第四，充分调动学习习近平新时代中国特色社会主义思想的热情。人民是历史的创造者，是决定党和国家前途命运的根本力量。中国共产党代表最广大人民的根本利益，与我们每个人的前途命运息息相关，习近平新时代中国特色社会主义思想是以习近平同志为核心的党中央在领导全党全国人民在伟大实践中凝结的理论创新成果，也是党和人民集体智慧的结晶。只有充分调动广大人民群众自觉学习实践习近平新时代中国特色社会主义思想的学习热情，才能推动习近平新时代中国特色社会主义思想深入人心。充分调动习近平新时代中国特色社会主义思想的学习热情，应当始终坚持人民立场，坚持以人民为中心，坚持为人民服务的根本方向。积极引导广大人民善于读原著、学原文、悟原理，学以致用、用以促学。把握人民需求，推动习近平新时代中国特色社会主义思想融入公民道德建设和精神文明创建，多开展人民群众喜闻乐见、形式多样、寓教于乐的文化活动，不断丰富广大人民的精神文化生活。

第五，大力开展习近平新时代中国特色社会主义思想的宣传教育。理论武装离不开宣传教育活动，宣传教育是习近平新时代中国特色社会主义思想入脑入心的主渠道。要让习近平新时代中国特色社会主义思想深入人心，就要坚持马克思主义在意识形态领域的指导地位，要在通俗化大众化上下功夫，努力构建接地气、有生气、有吸引力和有感染力的大众话语体系，坚持不懈地开展宣传教育活动。用丰富多样且具有时代气息的形式对习近平新时代中国特色社会主义思想进行生动阐释，要牢牢把握正确的价值导向，坚持求真务实的基调，推动习近平新时代中国特色社会主义思想“飞入寻常百姓家”。大力开展习近平新时代中国特色社会主义思想的宣传教育，应当通过教育引导和舆论宣传等方式，用生动的语言讲好新时代中国特色社会主义的故事，传播好中国声音，充分发挥新媒体在宣传习近平新时代中国特色社会主义思想方面的作用，通过开展丰富多彩、形式多样的宣传教育活动，让习近平新时代中国特色社会主义思想内化于心、外化于行。

第六，全力聚焦习近平新时代中国特色社会主义思想的落地落实。新的理论孕育于新的时代，更需要在引领新的实践中彰显价值和力量。习近平新时代中国特色社会主义思想源于实践又指导实践，坚持理论和实践相统一，其源于坚持和发展中国特色社会主义新的伟大实践，在指导实践和推动实践发展中展现出独特思想魅力。习近平新时代中国特色社会主义思想在不断推进实践基础上的理论创新，不断回答实践提出的新的重大课题，巩固全党和全国各族人民为实现中华民族伟大复兴的中国梦而努力奋斗的共同思想基础，为新时代坚持和发展中国特色社会主义、推进党和国家事业提供了基本遵循。全力聚焦习近平新时代中国特色社会主义思想的落地落实，应坚定不移用习近平新时代中国特色社会主义思想武装头脑、指导实践，加强中国特色新型智库建设，以服务国家重大需求为导向，扎根中国大地做“大学问、真学问”，提出系统性、针对性、创新性的对策建议，为人民幸福和民族复兴不断贡献智慧和方案。

总之，应当深入学习贯彻习近平新时代中国特色社会主义思想，不断丰富习近平新时代中国特色社会主义思想的价值内涵，在学懂弄通中突出其思想深度，在慎思明辨中领悟其思想广度，在知行合一中彰显其思想力度，在入脑入心中体现其思想温度。

【习言习语】

牢牢掌握意识形态工作领导权。意识形态决定文化前进方向和发展道路。必须推进马克思主义中国化时代化大众化，建设具有强大凝聚力和引领力的社会主义意识形态，使全体人民在理想信念、价值理念、道德观念上紧紧团结在一起。要加强理论武装，推动新时代中国特色社会主义思想深入人心。深化马克思主义理论研究和建设，加快构建中国特色哲学社会科学，加强中国特色新型智库建设。

——2017 年 10 月 18 日，习近平总书记在中国共产党第十九次全国代表大会上的报告

【深度思考】

如何让习近平新时代中国特色社会主义思想入脑入心？

【延伸阅读】

习近平：《思政课是落实立德树人根本任务的关键课程》，《求是》2020 年第 17 期。

后　　记

习近平总书记在党的二十大报告中提出“中国共产党为什么能，中国特色社会主义为什么好，归根到底是马克思主义行，是中国化时代化的马克思主义行”这一重大论断，并且强调要不断开辟马克思主义中国化时代化新境界。中国共产党人不断推进马克思主义中国化时代化，从而始终保持马克思主义的蓬勃生机和旺盛活力，这是一个追求真理、揭示真理、笃行真理的过程。不断谱写马克思主义新篇章，必须始终坚持以真理的精神追求真理，牢牢把握马克思主义的本真精神。为了帮助各级党员干部深入学习和领会中国化时代化马克思主义的核心要义和活的灵魂，深刻感悟其中的真理力量，我们组织编写了本书。

本书从构思到收集资料，从初稿到审改，自始至终凝聚着集体的智慧和力量。由本人负责全书的提纲和总体框架的设计，顾保国同志作为总审稿人自始至终悉心指导和严格把关，蒋旭东和陈骊骊同志除了撰稿还做了大量的组稿和统稿工作，以下同志参加了本书的撰稿和编写工作（按姓氏笔画排序）：丁梦雨、王曼、王会方、王宜科、王海英、田坤、田辉、刘仁、刘金香、刘淑琪、严春雷、李佳森、余骏洁、谷耀宝、张恺、张晓晨、赵莉、赵鹏璞、胡雨晗、顾锐、徐国旺、徐建飞、徐瑞坤、翁玮峤、赖明明等人。由于本书涉及问题重大、内容丰富、范围广泛，在编写过程中，我们广泛听取了各方面专家学者的意见和建议，无论从材料的提供、选择，还是研究的角度、思路等方面，他们都提出了宝贵的意见；同时，我们还参考了中央以及地方各主流媒体的一些理论文章，在这里一并致谢！

最后，我们非常诚恳地指出，本书涉及面相当广泛，需要相当深厚的理论功底和坚实的实践认识作支撑，而我们的水平和能力有限，不当之处在所难免，我们恳请读者和有关专家不吝指教。

董振华

2023 年 3 月